BIOGRAPHIES

D'ENFANTS CÉLÈBRES

VU ET PERMIS D'IMPRIMER.

F. SUEUR, Vicaire Général.

Arras, ce 22 Décembre 1893.

MOZART

BIOGRAPHIES

D'ENFANTS CÉLÈBRES

PAR
A de Montbrillant

la lutte ici bas
le repos au ciel

omoline G. DETREZ, LILLE.

PARIS A S¹ RAPHAEL, Rue de Seine 93
LILLE chez l'auteur, Rue Mercier, 20

(C)

Mes plus chers amis,

UAND vous êtes au retour d'une péré-
grination au milieu du monde, et que vous
arrivez chez vous, avec vous-mêmes, votre
âme a besoin de se recueillir et de se demander si
au contact des vanités, des pompeuses misères qui
ont frappé vos yeux, des types de toutes sortes et
des petites merveilles de l'industrie qui ont attiré
votre curiosité, vous n'avez rien abandonné de
votre intelligence, de votre cœur, de votre vertu en faveur d'une
distraction ou sous l'influence d'une séduction trompeuse.

Rarement, avouez-le, vous rentrez au logis sans être un peu
démonté ; parce que vous avez beaucoup vu, votre âme s'est
éparpillée sur mille objets sans jamais se replier sur elle-même.
Vous restez, par conséquent, sans profit moral.

Derrière ce que les arts ont de beau et de séduisant, il aurait
fallu voir la continuité du labeur solitaire qui les a créés et éle-
vés à des hauteurs où notre admiration éclate. Cette curiosité
puérile qui nous fait tant interroger sans que nous prenions la

peine d'attendre la solution de nos demandes, aura pour effet naturel de nous empêcher de plus en plus de regarder et de nous fermer la voie aux méditations qui éclairent la vie.

Car si la Providence vous met en contact maintenant avec toutes sortes d'objets, toutes sortes de sciences et de personnes, c'est pour vous apprendre à vivre et à livrer les bons combats qui doivent vous assurer le ciel après votre mort. Peut-être aussi est-il vrai qu'en présence de chefs-d'œuvre ou d'actions héroïques, accomplies par des hommes célèbres, vous vous êtes figuré facilement que l'exemple n'était pas fait pour vous, qu'il était trop haut. (Et la paresse, cette trop assidue compagne de beaucoup d'élèves, s'accommode si bien de ce raisonnement qui la dispense de se tourmenter!)

Mais cette fois, vous voilà pris au piège; pas moyen d'échapper à l'heureuse contagion de la vertu forte et persévérante, car ce sont des enfants qui vont poser devant vous. Leur piété forte aura pour vous les charmes des roses du printemps.

En général ces petits héros auront à vaincre l'inclémence de la fortune et le dédain des hommes. Il y a parmi eux des gardeurs de pourceaux, des apprentis pâtissiers, des déshérités de tout, mais riches de talent, de vertu et de force d'âme, ce qui, vous le verrez, remplacera tout, tandis que rien, chez eux, n'aurait pu le suppléer véritablement. Il nous est impossible, si nous sommes avec nous-mêmes, de lire le récit des grandes actions de nos semblables sans que nous sentions éclore en notre âme un sentiment d'admiration sympathique qui est un acheminement vers les vertus qu'ils ont pratiquées.

Que faisons-nous ici, disait Augustin (à cette époque un grand enfant dans la vie chrétienne) à son ami Alype qui lui lisait les faits et gestes d'un Père de la solitude, saint Antoine ? L'exemple d'un ascète qui passait sa vie silencieuse entre les quatre murs du cloître, parlait plus haut au fils de Monique que toutes les philosophies du monde.

Pour voir si votre visage est correct, enfants, vous passez devant la glace. De même s'il s'agit de constater jusqu'à quel point vous êtes homme ou chétien, ce que vous valez moralement, consultez les miroirs placés devant vous.

En présence de ses modèles et en regardant son œuvre, Le Corrège disait : Et moi aussi je suis peintre ! Sono pittore ! Regardez, chers amis, les visions qui vont passer devant vous ; et vous repliant sur votre conscience, osez dire, sans manquer à votre droiture naturelle : Et moi aussi je suis homme ! et moi aussi je suis chrétien !!

CLAUDE GELÉE

BIOGRAPHIES
D'ENFANTS CÉLÈBRES

CLAUDE GELÉE[1]

Ce grand artiste nous étonne autant par la nullité de sa première enfance que par les succès et la gloire qui ne tardèrent pas à le suivre, lorsque la Providence lui eut montré sa voie. On ne doit pas croire que sa première éducation fut négligée.

Au dix-septième siècle, la France était religieuse, disciplinée et rarement les parents se montraient oublieux de leurs premiers devoirs.

La pieuse mère de Claude, quoique écrasée de famille,

---

[1] Né à Toul en 1600.

trouvait encore quelques instants pour réunir chaque jour ses enfants et leur inculquer sa foi.

Ce tendre commerce des membres de la famille entre eux et de là avec le Créateur de toutes choses, façonnait le cœur de Claude à comprendre la création qu'il devait transporter sur la toile avec tant de bonheur.

L'injustice ou la trop grande sévérité des hommes semble lui être restée sur le cœur. Il a caressé la nature qui lui sourit toujours quand tout semblait l'abandonner [1].

Aussi n'a-t-il jamais peint l'humanité. Et si pour animer ses paysages, il lui fallait recourir aux figures, il les faisait peindre par une main étrangère.

Son père, maître Gelée, homme sévère, habitué aux rigueurs de la pauvreté, et de plus, fort chatouilleux sur le chapitre de l'adresse et du savoir professionnel, mit de bonne heure son aîné en apprentissage chez un pâtissier.

Ce dernier se croyait en conscience et en âme le premier faiseur de gâteaux de la Lorraine et peut-être de la France. Il se chantait sur tous les tons et faisait autour de lui des réclames boursouflées jusqu'au ridicule.

Claude, cependant, était loin de partager cet enthousiasme paternel. Il rêvait devant ce four béant qui lui semblait le tombeau de toute idée, de toute grandeur. Son plaisir était de se mettre à la porte pour considérer la marche des nuages, la teinte du ciel et le vol des oiseaux par-dessus les clochers.

---

[1] Même dans ses tableaux religieux, il ne s'écartera pas de ses traditions. Il donnera à la Sainte Famille le gazon pour trône, les arbres pour dais, et les horizons pour nimbes.

Son maître s'aperçut de la distraction perpétuelle de son apprenti et ne lui ménagea pas les rebuffades.

« Toi faire un pâtissier, exclamait-il devant son élève d'un ton méprisant ? J'affirme sur mon âme que je serai plutôt chanoine de la cathédrale ! Tu es un fainéant, un idiot, mais ce qu'il y a de plus idiot ! » Quand le pâtissier était au bout de son vocabulaire, il usait parfois d'autres arguments, d'une puissance frappante, sans toutefois avancer d'une ligne l'éducation ni l'instruction du pauvre Claude.

Comment, en effet, enseigner la raison au nom de la déraison ? Claude n'avait pas mauvaise volonté ; il était simplement neuf comme nous l'aurions été probablement vous et moi.

Son maître, cependant, ne le comprit pas comme cela. Il voulait absolument que Claude fût maître en commençant.

Comme dernier essai, il lui donna un jour une fournée de brioches à surveiller, l'avertissant de les retirer lorsqu'une teinte d'or répandue à la surface indiquerait le point de cuisson.

Cette fois encore, le pauvre apprenti ne sut pas se rendre maître du four ni de la pâte : les brioches prirent une teinte sombre et une odeur de brûlé que l'odorat exercé du patron distingua à trente pas du four.

« Ah ! traître ! massacre du métier ! cria-t-il en accourant les mains crispées et les yeux flamboyants. Je ne sais qui me retient de te jeter dans ce four. »

Et jetant la fournée au milieu de l'appartement, il ajouta : « Les voilà tes brioches que les chiens ne voudraient pas !...

Hâte-toi, niais, de sortir d'ici. Puissé-je ne t'avoir jamais connu. »

Claude, les larmes aux yeux et tout effrayé, vint frapper à la porte paternelle. Elle s'ouvrit ; mais une bien plus cruelle épreuve que la précédente l'y attendait. Son père ne voulut rien entendre. Il épuisa sur son enfant le répertoire d'injures que le pâtissier n'avait pas eu le temps d'achever, et dit à Claude de sortir de la maison et même du pays.

Les larmes, les cris accueillirent cette injonction paternelle ; mais rien n'y fit : maître Gelée avait son honneur légendaire à venger...

Les pleurs de la mère, les sanglots des frères et des sœurs ne le fléchirent pas : il fallut s'éloigner. Va, lui dit son père et ne reviens plus avant que tu aies réparé la honte que tu as attirée sur mon nom.

Prends ces quelques pièces de monnaie ; recommande-toi

à Dieu... Sa mère en l'embrassant lui passa au cou une petite croix d'or, souvenir vénéré d'un beau jour, et lui recommanda de ne pas manquer ses prières de tous les jours.

Le pauvre enfant avait assez goûté des tristesses du commerce des hommes pour qu'il regardât du côté de Dieu.

Claude avait alors 15 ans ; mais il n'avait ni la taille ni la force, ni le savoir-faire d'un adolescent de son âge.

La brusque et injuste décision de son père le mettait dans une grande perplexité. Nous verrons que la divine Providence fera servir au bien de l'enfant l'inhumanité du père.

Le jeune proscrit, au sortir des rues tortueuses de Toul, se mit à côtoyer la Moselle. Lorsqu'il eut assez marché, il s'assit sur le gazon et regarda devant lui.

L'air frais entrait dans cette poitrine encore soulevée par les pleurs. Les ondes reflétaient dans leur silencieuse lenteur le ciel et les nuages ; la brise apportait les senteurs riveraines mêlées aux parfums des menthes et des chèvrefeuilles en fleurs. Notre pauvre voyageur se sentit vivre. Et sans l'affreuse solitude qui était autour de lui et la perspective d'une nuit prochaine, il se serait cru heureux. Jamais pareil spectacle ne s'était présenté à lui et n'avait ému son âme sensible ni ses instincts artistiques.

Il rêvait à ce nouveau genre de plaisir, lorsqu'il lui vint en pensée d'interroger la saccoche bourrée de provisions par sa bonne mère.

Il y trouva du pain, de la viande et du fromage et versa de nouvelles larmes au souvenir des délicatesses et des larmes maternelles.

Puis il continua sa route devant lui sous la seule inspiration de son bon Ange.

Il rencontre bientôt une troupe de comédiens et de chanteurs qui s'expatriaient parce que la fortune leur paraissait défavorable en France.

Les allures indécises de Claude lui valurent quelques ris dont il fut loin de se formaliser. Il leur abandonna même le reste de son viatique, ce qui plut à tous. Le chef de la bande, lui ayant fait exhiber ses deux ou trois écus, se les adjugea et l'admit au nombre des siens, avec la promesse de l'employer, à défaut d'autre rôle, à apitoyer les spectateurs et à provoquer les bienfaits.

La troupe allait chercher le soleil et les richesses d'Italie. (Autres temps, autres conditions.) Les hommes parmi lesquels se trouvait le pauvre Claude, n'appartenaient pas à cette race de coureurs cosmopolites que nous appelons Bohémiens et dont la misère crapuleuse nous fait horreur. Claude gagna avec ses commensaux des allures plus franches et une politesse de bon aloi. Mais, ce qui fut encore plus précieux pour lui, ce fut de conserver ses mœurs pures.

La troupe traversa l'Italie avec des alternatives de succès et de revers. Claude, toujours préoccupé de la belle nature, ne paraissait pas du tout faire état de cette fortune que ses compagnons poursuivaient. Il était toujours content de tout et de tous. Souvent on le voyait s'oublier à regarder silencieusement ces couchers de soleil qu'il nous a si savamment transmis. La lumière italienne avait pour lui des charmes toujours nouveaux.

Une fois à Rome, le chef de bande lui déclara que sa mission protectrice prenait fin et que par conséquent il avait à se trouver un gîte.

Mais toujours insouciant et neuf dans la vie, Claude errait à travers la ville, ne se réveillant qu'à l'aspect des monuments et se blotissant, la nuit, sous quelque portique en ruine.

On raconte qu'un soir d'orage il s'endormit au seuil d'une

église. Un ecclésiastique l'aperçut, recevant les ondées du ciel et l'emmena chez lui.

Il l'interrogea, le fit sécher et manger ; et malgré une lourdeur native de manières et d'esprit, entrevit en lui une lueur de génie cachée.

Ayant reçu la visite de son parent il signor Agostino Tasso, peintre de paysages, il fut soudainement inspiré.

— C'est la Providence qui vous envoie, mon cousin; vous m'avez demandé un domestique : j'ai ce qu'il vous faut.

— Voyons... Il est bien jeune !

— Il a bonne volonté et il se formera : il est Français. Il vous apprendra sa langue.

— Mais j'ai un ménage à tenir, un cheval à soigner.

— Pour l'amour de Dieu, cher cousin, recevez cet enfant et vous en serez récompensé.

— Eh bien, mon ami, suis-moi.

Claude remercia son bienfaiteur et partit avec son nouveau maître.

Pendant de longues années, il servit son maître comme si c'eût été son père, malgré une immense répulsion pour tout ce qui était purement manuel. Mais à ses rares moments de loisir et surtout quand la fin du jour arrivait, il montait au plus haut étage de la maison et, de là, il regardait le soleil versant ses derniers feux sur la terre.

Il étudiait les jeux de la lumière sur les montagnes, le long du Tibre, dans les bois et dans toute la nature. Plus tard il suivait les rayons de la lune se reflétant doucement dans les dômes de cristal des palais de Rome.

Oh ! se disait-il, si comme mon maître, je pouvais reproduire ces admirables effets d'ombres et de lumières, je me croirais au comble du bonheur. Et redescendu dans l'atelier de son maître, il observait toujours. Celui-ci finit par lui dire : « Vas donc à ton travail ; tu passerais toute la journée à me considérer comme si tu prétendais apprendre le métier. »

Claude ne répondit rien, mais un frisson de plaisir l'agita

des pieds à la tête. Certes, son maître était bien loin, en ce moment, de penser qu'il était en présence d'un génie devant qui le sien pâlirait un jour. Disons d'abord et par anticipation que le brave Signor Tasso ne fut jamais jaloux de son élève.

Un jour que le peintre était à sa maison de campagne, Claude se sentit tressaillir de plaisir et de crainte. Les pauvres, les petits, les innocents, les timorés, les génies ont toujours

peur de se compromettre avec les hommes, surtout avec eux-mêmes et avec Dieu. Personne n'est plus sûr de lui-même, plus suffisant et plus libre de crainte, que celui qui est le moins assuré de réussir, le moins capable de suffire à sa tâche et qui devrait le plus craindre.

Le jeune artiste écouta, regarda et finalement fit l'ascension du galetas où il s'enferma soigneusement avec un débris de toile, quelques restes de couleurs et des pinceaux ébarbés.

Il s'agissait pour lui de traduire sur la toile les effets du soir si souvent gravés dans son esprit.

Les premières touches ne furent pas heureuses; l'empâtement mal distribué, renvoyait aux yeux du spectateur des éclats de lumière, là où il ne devait y voir que des nuances et des gradations.

Mécontent de lui-même, il cacha tout soigneusement, se promettant toutefois d'y revenir le plus tôt possible.

Son maître, ayant eu une vague connaissance de son talent naissant, lui ménagea l'occasion de travailler pour se procurer à lui-même une surprise.

Feignant un voyage de plusieurs milles, il rentra au logis bien avant l'heure où l'attendait Claude, et grimpa, à pas de loup, jusqu'au galetas où le jeune homme travaillait. Il le considéra passant et repassant ses pinceaux sur une ébauche qui commençait à resplendir de l'éclat du génie.

Le brave peintre suivait tous les mouvements de son broyeur s'essayant à devenir maître, et ne savait que penser.

Tout à coup il le voit se reculer plus qu'à l'ordinaire, puis hocher la tête convulsivement et enfin se précipiter sur la toile pour la mettre en pièces.

Arrêtez! lui cria son maître. Vous alliez priver le monde d'un chef-d'œuvre.

(Je tiens cette circonstance de la vie de Claude d'un artiste qui revenait de Rome où il l'avait apprise.)

A partir de ce jour, il signor Tasso donna un peu plus

de latitude à son apprenti qui alla toujours de succès en succès.

Cependant le vénérable ecclésiastique qui avait recueilli Claude sur les marches de son église, venait voir de temps en temps son protégé.

Un jour il le trouva occupé à peindre un paysage italien qui lui parut d'une grande beauté. La lumière y étincelait ; et par ses savantes gradations marquait la distance mathématique des objets. L'air y agitait les rameaux tendres des arbres et l'onde murmurait entre les cailloux moussus.

Mon ami, lui dit son bienfaiteur, le bon Dieu vous appelle à autre chose qu'à broyer les couleurs et à faire la cuisine à votre maître. Terminez pour moi ce tableau ; il me semble digne d'un grand artiste.

Claude prit les mains de son bienfaiteur et le remercia en pleurant de joie de ses encouragements. Est-ce que je serais peintre, moi aussi, se disait le timide jeune homme ?

Soit qu'il eut peu de temps à lui, soit qu'il ne fut jamais content de son œuvre, le jeune artiste mit plus d'un an pour achever l'ébauche commencée. Son protecteur fit présenter le tableau au pape Urbain VIII qui continuait les traditions de Léon X. Le Souverain Pontife fut émerveillé de l'œuvre et voulut en connaître l'auteur s'il était encore en vie.

— Saint Père, répondit l'abbé protecteur de Claude, c'est un jeune Français que j'ai recueilli un jour d'orage...

— Je veux le voir et lui parler...

— Saint Père, il est timide et s'enfuira si on lui annonce votre désir.

— J'irai le trouver incognito.

— Demain, Saint Père, il doit aller étudier des ruines près de la villa Médicis au moment où le soleil du matin va les frapper.

— C'est là que j'irai le voir.

Et dès l'aurore le Saint Père, à pied et presque sans suite, se dirige du côté indiqué. Un vaste manteau couvre tous les

insignes de sa dignité. Bientôt on est en présence d'un jeune homme fluet à la mine chétive et extrêmement attentif à saisir tous les jeux de la lumière et les ondulations vaporeuses qui montent du sol à cette heure matinale.

Le pape l'interpelle et Claude ne répond rien, tant il est absorbé [1]. Cependant le Saint Père s'avança et se posta, à

[1] Je n'ai pas vu dans l'histoire de Claude le Lorrain cette scène extraordinaire. On ne me l'a pas racontée. Je l'ai encore moins inventée quant au fond. Je la donne pour ce qu'elle peut valoir.

dessein, entre l'artiste et les objets que ce dernier semblait contempler. Claude alors revint à lui et manifesta un léger mouvement d'impatience, refoulé immédiatement par un sentiment de respect.

— Que faites-vous, mon fils, lui dit le Pontife toujours inconnu de Claude?

— Je contemple...

— Vous contemplez quoi?

— Mais tout ce que le bon Dieu a créé.

— Je ne vois ni crayon ni tablette en vos mains : où fixez-vous vos observations?

— Ici, Monseigneur ; (et l'artiste portait l'index au front).

On dit, en effet, que Claude, comme quelques autres artistes[1], avait par excellence la mémoire des choses. Il prenait toujours à la nature, emmagasinait ses observations et les traduisait sur la toile longtemps après et à mesure du besoin.

L'inconnu adressa à l'artiste quelques mots de félicitation, à quoi Claude répondit qu'il était loin d'avoir la facilité de travail que son maître, il signor Tasso.

— Mon enfant, reprit le vieillard, vous irez bien plus loin que votre maître, soit dit sans effaroucher votre modestie. Le bon Dieu vous a gratifié de dons que ne connut jamais il signor Tasso. Pour gage de ma sympathie et comme encouragement, prenez cette bourse, elle contient deux cents écus d'or.

[1] Horace Vernet fit le portrait d'une personne six mois après l'avoir vue une seule fois.

Claude comprenant de moins en moins la scène où il était principal acteur avec le vieillard inconnu, fit d'abord un mouvement de refus. Sur l'insistance de son interlocuteur, il se reprit et dit : « Attendez du moins, Monseigneur, que je vous aie présenté une œuvre digne de vous et de votre libéralité. »

C'est déjà fait, répondit le Pontife, et je possède un tableau de vous qui vaut bien ce prix.

C'est le pape qui vous parle ! Souffrez que je passe à votre cou cette chaîne d'or qui vous rappellera mon souvenir.

Mettez-vous à genoux, je vous bénirai. La bénédiction d'un vieillard, d'un pape vous portera bonheur. « Que Dieu fasse croître vos talents et vos vertus pour l'éternité. »

Claude, au comble de l'émotion, ne savait pas au juste s'il rêvait ou s'il vivait.

Sa situation, en effet, était prodigieusement changée. Lui jadis pauvre enfant lourd et timide, abandonné de tous et obligé de s'expatrier pour ne pas mourir de faim ; et encore hier occupé à broyer les couleurs de son maître, à soigner sa monture et à cirer les meubles du logis. Aujourd'hui le favori d'un grand pape, comblé de ses bienfaits et lancé à pleines voiles sur l'océan de la renommée.

En effet, dès ce jour, les commandes vinrent de tous côtés au paysagiste du pape. Et sa réputation fut européenne.

Il se souvint alors de sa pauvre famille ; et le pape fut heureux de lui permettre de retourner en France pour la voir et ramener à Rome son père et sa mère. Voilà pourquoi si Claude est beau par le talent, il l'est encore davantage par sa piété filiale.

Aujourd'hui, les tableaux de Claude le Lorrain sont un peu dans toutes les capitales. Le palais du Czar, à Saint-Pétersbourg, en possède six. Ceux du musée du Louvre, quoique d'assez petites dimensions, sont extrêmement remarquables par les effets de la lumière diurne ou nocturne. Les effluves veloutés qui éclairent des scènes champêtres ou maritimes ; les jeux de la lumière lunaire sur la crête des vagues ou dans

les rameaux des arbres, feront toujours le désespoir des coloristes.

Chose étonnante, l'artiste d'aujourd'hui, debout devant les toiles de Claude, se surprend à dire : La touche de ces paysages ne me paraît pas si savante que je ne puisse en faire autant. Et cependant, il ne se hasardera jamais à le copier, tant il est sûr que l'exécution ne sera pas à la hauteur de son modèle.

Un homme a contrebalancé sa renommée et son talent : Joseph Vernet. Mais ce dernier aussi demeure inimitable.

L'Italie, cette « grande patrie des hommes et des arts, » comme l'appelle Virgile, nous les enviait. C'est à Rome et à l'ombre du Vatican que nos grands artistes ont passé la majeure partie de leur vie. Et leurs œuvres n'ont pas pâli devant celles des Raphaël et des Michel-Ange, parce qu'ils se sont inspirés à la même source du beau éternel, c'est-à-dire Dieu, et qu'ils étaient participants de la même foi, et les citoyens voyageurs de la même patrie, le ciel.

FILIPPO LIPPI

~⌐ ☀ ⌐~

Ce grand peintre naquit à Florence, comme Michel-Ange et Léonard de Vinci.

C'était au commencement du xve siècle, et vous voyez que nous nous trouvons tout de suite à plus de quatre cent cinquante ans de distance.

Mais ceci importe peu à l'intérêt de l'histoire, vous le comprenez ; et sans trop médire du présent, on est obligé de constater que les plus grands talents, les vertus les plus héroïques ont en général appartenu à d'autres siècles.

Le jeune Lippi (Philippe), orphelin dès sa plus tendre enfance, n'était pas riche.

Les Carmes [1] de Florence le recueillirent par charité. Vous connaissez, d'instinct, la bonté des moines et leur complaisance pour vous, mes bons amis. Aussi, souvent, lorsqu'ils passent dans la rue, fussent-ils sans souliers et sans chapeau, vous allez encore leur demander s'ils n'ont rien à vous donner,

---

[1] Le premier couvent de ces religieux fut bâti sur le Mont Carmel. De là leur nom de Carmélites.

une image, une petite médaille. Il est vrai que presque toujours vous ne rapportez qu'un sourire ; mais c'est déjà quelque chose. Demandez-leur une petite prière, cela vaudra beaucoup mieux.

Revenons à notre Filippo.

Il se distingua d'abord entre tous les élèves par son intelligence précoce. A ce point de vue il fut un Claude retourné.

Sous la direction des moines, il apprit comme vous la lecture, l'écriture, le dessin et surtout l'histoire de la religion.

Il devint si savant en peu de temps que ses maîtres concevaient de lui les plus grandes espérances. Ils croyaient même, (il ne faut pas leur en faire un crime) que sa gloire rejaillirait un jour sur leur couvent.

Il y avait alors à Florence un artiste célèbre appelé Masaccio.

Le Supérieur du couvent voulut faire décorer sa chapelle par le peintre que tout le monde glorifiait.

Le grand artiste s'enferma durant de longs mois dans la chapelle des moines et travailla dans un mystérieux silence, à en couvrir les murs de fresques [1] immortelles.

Quand vint l'heure de montrer au public l'œuvre du maître, tout Florence courut. Le jeune Lippi eut comme la première place à ce festin de l'admiration. Et telle fut son impression qu'il ne pouvait se rassasier de regarder les figures célestes de Masaccio. Il les voyait après les offices du matin ; il les revoyait après les prières du soir et, entre temps, elles ne pou-

---

[1] Peinture sur les murs. On ne peignait pas encore sur la toile ou sur le bois.

vaient sortir de son esprit. En même temps, une violente envie de peindre s'éveilla en lui ; avec la permission que le
prieur des moines fut heureux de lui donner, il s'essaya à
copier les figures de l'épopée divine que Masaccio venait de
développer sur les murs de l'église.

Ses aptitudes naturelles, son travail incessant et son tact
observateur, le mirent bientôt sur le rang des peintres
d'alors.

Il ne sut pas, malheureusement, rester simple et humble
comme Claude. Il avait, sans doute, moins connu que lui, le
malheur et l'abandon. Mais aussi son éducation était bien

supérieure, et partant sa folle ingratitude plus répréhensible.

Ne jouant que trop bien le rôle de l'enfant prodigue, il demanda aux bons moines la permission de les quitter. L'air du couvent disait-il ne lui convenait plus et il voyait s'ouvrir devant lui d'interminables horizons.

L'insouciant jeune homme, comme tous ceux que la vanité domine, voyait tout en roses au sortir du monastère : les richesses, la célébrité, la gloire allaient accourir au-devant de lui et lui prodiguer à l'envi leurs caresses.

La pureté monacale et l'atmosphère de lis qu'il avait respirée jusqu'alors l'avait laissé étranger aux jouissances matérielles. Une fois échappé, il voulut tout voir, tout entendre et jouir de tout.

Le faible rempart de sa volonté tombait chaque jour devant la puissance de séduction que lui offraient les objets de ses passions déchaînées tout à coup.

Pour ne pas pécher seul et excuser ses faiblesses, il s'appuya de la complicité de quelques compagnons aussi avides de jouir que lui et non moins neufs dans la vie.

Un jour il leur prit envie de descendre l'Arno et de voir la mer. Ils s'embarquèrent sur la première barque qu'ils rencontrèrent et gagnèrent la haute mer.

Des pirates les aperçurent, fondirent sur eux et les emmenèrent prisonniers en Afrique où ils les vendirent comme esclaves.

Vous le voyez, mes bons amis, l'avenir pour le jeune Lippi n'était pas précisément ce qu'il se l'était figuré.

Ah ! quelles larmes amères il dut répandre au souvenir de ses protecteurs, de ses pères !

Ici se place un épisode assez singulier.

Lippi fut vendu à un maître humain qui traita son esclave avec quelque égard. Du reste, Lippi avait été formé à bonne école ; et il n'était pas si éloigné des bons Pères, qu'un reflet de leur noblesse aimable ne suivît encore leur enfant d'adoption.

Un jour donc Lippi, au milieu de ses tristesses, rencontra un mur nouvellement blanchi. (En Afrique toutes les maisons sont blanches à l'extérieur.) Il fut alors pris d'une subite inspiration. S'armant du premier fragment de charbon qui tomba sous sa main, il fit de mémoire le portrait de son maître. Les autres esclaves se récrièrent d'admiration, et en avertirent leur maître qui partagea l'étonnement de tous. Il fit plus, il déclara à son esclave, que le Ciel avait si bien doué, qu'il était libre désormais.

Lippi, que la main du malheur avait frappé, se ressouvint d'être reconnaissant envers son libérateur. Il se procura des couleurs et des pinceaux et peignit pour lui plusieurs tableaux qui enlevèrent l'admiration de tous.

Il partit ensuite pour la Sicile et de là revint à Florence se jeter dans les bras de ses anciens maîtres.

Le retour de l'enfant causa une grande joie aux bons Pères.

De son côté, Lippi s'efforça de réparer à force de bons offices et de régularité de conduite, toutes les fautes que le caprice et l'ingratitude lui avaient fait commettre.

Dieu, en faveur de son repentir, lui rendit son amitié et il jouit très longtemps de la plénitude de son talent.

Il remplit les églises et les couvents de ses œuvres ; car, en ce temps-là, on ne prostituait pas la peinture ; elle ne servait qu'à orner les temples de Dieu et à perpétuer les actions des saints ou à traduire les scènes évangéliques.

Il fut le précurseur du Pérugin et de Raphaël et dota plusieurs villes de ses œuvres.

Le Louvre en possède quelques-unes qui respirent cette quiétude et cette auréole divines que seuls les artistes du moyen âge ont su imprimer à leurs figures et qui donnaient la mesure de leur foi et de leur piété.

LÉONARD DE VINCI

Saluons, mes amis, celui qui fut, à différents points de vue,
et qui restera probablement le plus grand peintre du monde.
Il naquit au château de Vinci, perdu dans la vallée de l'Arno.

Il fut presque le contemporain de Lippi et suivit une route à part où personne ne tenta de marcher après lui.

Le Créateur avait accumulé en lui tous les trésors. Et peut-être jamais on ne vit tant de perfections rassemblées en un seul homme.

Il était bien fait de corps et tous ses mouvements avaient la majesté du génie. Sa force musculaire égalait celle des hercules. On assure qu'il pliait un fer à cheval comme une lamelle de plomb.

Son aptitude pour les sciences était extraordinaire ; et il interpréta l'idéalisme des arts dans sa plus haute expression.

Il est au-dessus de son siècle par ses connaissances géométriques et mathématiques ; il ressuscite l'hydrostatique et donne le tracé de canaux d'irrigation à travers les montagnes.

Il est le premier cavalier de Florence dans les courses comme le premier musicien dans les concerts. Il fabriquait lui-même ses instruments de musique.

Ajoutez à cela cette piété des grands docteurs du moyen âge et voyez si Léonard à 15 ans n'était pas une des plus belles fleurs que les Anges du ciel pussent contempler sur la terre.

Sans doute, la piété l'emporte sur les talents ; et il vaudrait bien mieux ne rien savoir que son catéchisme, et être pieux, que de posséder toutes les sciences à la manière de Satan. Mais quand les talents brillants se trouvent joints à la modestie et à l'amour de Dieu, alors l'homme ressemble un peu plus aux Anges et devient, par conséquent, plus admirable, plus digne de servir de modèle.

Le père de Léonard devina ses aptitudes et, renonçant à des vues d'intérêt personnel et familial, il laissa son fils à ses goûts et à ses prodigieux talents.

Léonard sentait ses forces et s'apercevait que ses maîtres n'avaient plus rien à lui apprendre au moment où la plupart des élèves sont encore à tâtonner et à interroger timidement les mystères des arts et des sciences.

Génie à part, il s'imposait l'obligation d'acquérir des connaissances universelles pour faire un peintre parfait. Ce principe qu'un artiste doit tout savoir, pour ainsi dire, il le proclamera, plus tard, dans ses écrits didactiques.

Un peintre statuaire de renom, Andrea, fut son premier et son dernier maître pour la peinture et la sculpture. Celui-ci, ayant à peindre un tableau de Jésus baptisé par saint Jean, confia une tête d'ange à son élève. Quand le tableau fut achevé, la tête d'ange fut trouvée si supérieure à toutes les autres figures que le peintre Andrea fut obligé de s'avouer vaincu par un enfant. Ce qui lui fut si sensible qu'il brisa ses pinceaux.

Ces premiers succès du jeune Léonard ne le rendirent pas vain comme cela arrive aux têtes déséquilibrées par un reflet de gloire artistique. Il redoubla d'observation et de travail. On eût dit qu'il n'y avait pour lui ni enfance, ni jeunesse et qu'il comprenait, avant le temps, la loi du travail incessant imposée à tout homme encore dans le lieu de l'expiation.

Il parcourait incessamment les rues et les environs de Florence pour observer et traduire ensuite. Comme il s'occupait plus du sentiment que de l'extérieur de ses figures, il provoquait adroitement chez les personnes l'irruption de la colère, l'épanouissement de l'affection, le jaillissement de la gaîté, des larmes, etc. [1].

Il modelait en terre ou en cire [2] les sujets qu'il voulait transporter sur la toile, car rien ne l'arrêtait pour donner à ses œuvres toute la perfection dont elles étaient susceptibles.

On raconte qu'il peignit à cette époque une tête de Méduse, d'une expression si terrible que son père en la voyant s'enfuit de frayeur. Les princes d'Italie se disputèrent ses talents ; et il est glorieux pour François Ier d'avoir songé à lui et de l'avoir vu mourir entre ses bras.

Quel constraste, mes bons amis, entre ces inimitables interprètes des arts et ces pionniers du travail, avec la masse des étudiants de nos écoles « qu'académiques » on nomme, où les arts se cultivent au milieu de la froideur de l'athéisme et sous le ciel épaissi par la fumée du tabac et les vapeurs des boissons.

Les grands artistes anciens écoutaient dans le silence de la méditation et de la prière, les harmonies qui venaient du côté du ciel. Aujourd'hui les voûtes des écoles des beaux-arts redisent honteusement les jurons, les blasphèmes et les obscénités d'une jeunesse ivre d'elle-même, rampant dans les basfonds de la vie et étrangère à la foi.

---

[1] On prétend qu'avant de peindre son immortelle *Cène,* il donna un repas à douze paysans. Il faut cependant avouer que ces *paysans* ont été prodigieusement transformés en passant par le pinceau du grand maître.

[2] On a découvert l'an passé une tête de jeune fille modelée en cire et qui vient du maître. La ville de Lille l'a acquise pour 200.000 francs.

J'ai rencontré, une fois dans ma vie, un de ces génies patients et dignes d'interpréter la nature et désireux de chanter son Auteur. Je l'ai vu s'astreindre à compter les feuilles d'un arbre pour le copier avec plus de fidélité. Sa jeunesse, ses talents et ses vertus, promettaient un grand artiste. Dieu est venu le moissonner avant l'épanouissement d'un talent si laborieusement cultivé.

Si Dieu le veut, je vous donnerai plus tard la suite de la vie du grand artiste [1] dont nous connaissons la jeunesse.

[1] Léonard de Vinci.

LESUEUR

LESUEUR (Eustache)

Cette fois, mes amis, nous sommes en présence d'un Français, d'un enfant de Paris, et qu'on a surnommé le Raphaël de France. Son père était un pauvre sculpteur qui venait de Montdidier.

Eustache, sans trop savoir à quel mobile il obéissait, crayonnait des figures sur ses livres d'études, dessinait des paysages sur sa table de travail et étonnait tout le monde par la rectitude de ses observations.

Son père aurait voulu le voir prendre sa voie ; mais préférant sagement laisser faire la nature, il ne voulut pas compromettre l'avenir de son fils, et l'encouragea à peindre.

En père chrétien, il comprenait le devoir qu'il lui incombait de mettre au cœur de son enfant cette foi qui empêche de sombrer quand les événements malheureux ou ses propres imprudences ont conduit au bord de l'abîme.

Aussi la piété d'Eustache fut-elle bientôt celle d'un novice de couvent. Et c'est à elle qu'il dut plus tard son chef-d'œuvre, la Vie de saint Bruno.

Il fréquenta l'école de Simon Vouet, artiste de talent qu'Eustache devait surpasser.

Sa douce piété, sœur et compagne de son génie, comme le dit un auteur, le conduisait souvent chez les Chartreux [1]. Là avec les bons moines, il apprenait les secrets de la vie religieuse et surprenait leur religion dans ses plus intimes mani-

festations. C'est dans ces méditations au milieu des moines qu'il apprendra à imprimer sur le front de ses figures les pensées éternelles qui les occupent.

[1] La chartreuse de Paris détruite par la Révolution occupait l'emplacement appelé aujourd'hui la pépinière du Luxembourg.

Lesueur fut extrêmement précoce et maître à l'âge où l'on apprend. Il mourut comme son Créateur à l'âge de 33 ans, épuisé de travail mais sans éclipse de génie.

Il conserva jusqu'à la fin cette piété angélique qui reluit et empoigne presque dans toutes ses œuvres [1].

Il eut la consolation de mourir comme il avait vécu, entre les bras de la religion [2].

[1] Il dut se faire violence pour traiter les sujets mythologiques imposés à la misère qui l'accueillit à son entrée dans la vie artistique.

[2] Le prieur des Chartreux reçut son dernier soupir et le rendit à son Créateur.

HAYDN ET PORPORA

HAYDN

❧⟶✳⟵❧

Dans le petit village de Rouhran, à quelques kilomètres de Vienne (Autriche), vivait péniblement un père de famille nommé Haydn.

Le brave homme, pour nourrir la nombreuse famille que le bon Dieu lui avait donnée, était obligé de se multiplier et de travailler sans relâche.

Il exerçait simultanément un grand nombre de métiers. Il était charron, maréchal-ferrant, sacristain, organiste et même juge de paix à l'occasion.

Haydn était foncièrement chrétien et ne rallumait jamais ses fourneaux le dimanche.

Mais comme il était essentiellement actif et amateur des belles choses, ce jour-là, il réunissait le plus d'enfants possible et les faisait chanter en les accompagnant de sa harpe, de sa flûte ou du clavecin.

Vous savez, mes bons amis, qu'en Autriche et en Allemagne on est (ou on n'est pas) musicien en naissant. Je ne sais à quoi cela tient et pourquoi le Français, lui aussi, ne serait pas aussi amateur des belles choses ?

Peut-être lui manque-t-il le génie du travail et la persévérance dans la peine.

On dit qu'attelés au même char, l'Allemand et l'Autrichien n'iraient peut-être pas aussi vite, mais tireraient plus fortement et plus longtemps que le Français.

Ce n'est pas moi, c'est *on* qui dit cela.

Donc un beau dimanche, pendant le concert que dirigeait le musicien-charron-clerc et auquel assistait comme auditeur herr (monsieur) Franc, parent de la famille, un petit bonhomme de cinq ans s'évertuait accroupi sur ses talons, à racler un morceau de bois avec un autre plus mince et produisait un certain son en imitant, tant bien que mal, le jeu d'un violoniste.

— Que fais-tu donc là, dit le père à son dernier né ?

Le poupon s'interrompit et dit naïvement : Je joue du violon.

Herr Franc, qui était magister au village voisin et qui aimait beaucoup la musique, avait remarqué l'incident.

Le petit Joseph (car c'était bien le futur grand compositeur) fut invité à continuer ; et on le vit, avec le dernier étonnement, battre la mesure sans broncher.

Herr Franc pleurait d'attendrissement et fut heureux de proposer au père Haydn d'emmener son fils pour diriger son éducation.

Haydn céda d'autant plus volontiers au désir de son cousin, qu'il lui restait encore un grand nombre d'enfants.

Joseph répondit aux soins de son parent et progressa dans toutes les parties qui lui furent enseignées, dans la musique surtout.

Le maître de chapelle de la cathédrale de Vienne l'ayant entendu voulut l'avoir pour membre de sa maîtrise : Joseph partit pour la capitale.

Là Joseph ne fit pas comme certains artistes desquels on a pu dire : Près de l'église, mais loin de Dieu.

Sa piété se développa et devint si forte que ni le souffle de la vanité ni l'éclat d'une renommée européenne ne purent lui faire tourner la tête.

Jusqu'à sa mort il rendit gloire à Dieu pour le talent qu'il lui avait donné.

Comme il allait toujours de l'avant et qu'il travaillait alors que ses compagnons ne pensaient qu'à se divertir, il conçut un jour le dessein de composer une messe en musique. Il se mit à l'œuvre dans le secret de sa chambrette et se plongea dans la méditation des symphonies qui résonnaient au fond de son âme pure et qui s'élevaient de toute la création.

Il en écouta les échos, coordonna les modulations et enchaîna les phrases musicales.

En relisant son travail, il remerciait Dieu de ce qu'il permettait à un enfant de treize ans de chanter sur sa lyre timide.

Mais comme élève obéissant et humble, il songea à montrer son œuvre au maître de chapelle, le rude Renter.

Il s'avança donc frémissant comme l'artiste dont l'œuvre va passer au crible du jury.

Renter était fier de sa barbe et de sa place sinon de son talent. Il était grossier comme tous ceux que l'orgueil domine et qui ne pardonne pas à un rival.

Ayant jeté un rapide coup d'œil sur la partition que le jeune virtuose lui avait offerte, il la froissa avec dédain ; et ramenant ses regards sur Joseph, dont la face passait par toutes les nuances de l'émotion, il lui dit : Tiens, voilà ton œuvre. Comment as-tu pu concevoir une pareille idée, toi, pauvre ignorant ?

Puis, éclatant d'un gros rire, il ajouta : « Petit sot, crois-tu donc qu'il suffise d'échelonner des croches, des doubles, des triples croches sur les portées d'une feuille de musique pour faire un chef-d'œuvre ? »

Voilà donc de quelle manière maître Renter encourageait les efforts de son disciple ! Était-ce par un secret retour de jalousie ?

En tout cas, c'était là un procédé erroné en éducation ; il était de plus injuste et brutal.

Heureusement pour la science musicale, le doux enfant si malmené ne dévia point de sa voie. Dieu lui montrait une mission à accomplir ; il la poursuivit quand même.

Il se procura des traités d'harmonie, vrais labyrinthes où il se perdit pendant longtemps.

Mais à force de travail et d'application, il se rendit maître des éléments de l'harmonie et se lança à pleines voiles dans le monde des beautés idéales, toujours nouvelles, partant toujours inépuisables, parce qu'elles viennent de Dieu.

Joseph n'échappa cependant pas à cette humeur légère qui

semble la compagne inséparable des jeunes gens, petits et grands, qui sont assis au banc des écoliers.

C'était l'époque des cheveux tournés en frisures qui s'étageaient tout autour de la tête et ondulaient par dessus. Une énorme mèche s'échappait du milieu des frisures et retombait au milieu du dos où un ruban de velours la serrait en queue d'animal.

La chose vous semble drôle, c'était pourtant la mode des petits et des grands.

J'ai connu un vieillard qui touchait à ces temps et qui n'aurait pas plus souffert qu'on lui coupât sa mèche de cheveux que son nez !

Pendant les leçons de maître Renter, Joseph avait devant lui un enfant de chœur dont la chevelure opulente et soyeuse faisait envie.

Le choriste affectait peut-être un peu trop de complaisance et de soin à l'égard de l'ornement de sa tête. Peut-être avait-il besoin d'une correction....

Toutes choses s'en mêlant et le diable aussi, une affreuse idée poussa tout à coup dans la cervelle de Joseph.

Il la combattit d'abord, puis la caressa, puis enfin il se munit d'un instrument qui devait être le complice de son crime.

Saisissant un moment où Renter cassait sur son pupitre (quelques-uns disent sur la tête d'un élève) son bâton de mesure, Joseph ouvrit les branches du ciseau et les fit mordre dans la chevelure du choriste en question.

La queue fut moissonnée ras, et du même coup le cours finit.

A la porte ! à la porte ! hurla Renter.

C'était au mois de novembre et à la porte il faisait froid, surtout pour Joseph qui était pauvrement vêtu.

Joseph sortit et marcha devant lui sans savoir où il s'arrêterait.

Il parcourut ainsi plusieurs rues, piqué par le froid et effrayé par les ténèbres de la nuit.

Le lendemain, accablé de fatigue, de sommeil et mourant de faim, le pauvre enfant s'affaissa sur le chemin et parut sans vie.

Tout à coup il se sent toucher légèrement par une main délicate et il entend résonner ces mots : Ah ! mon Dieu ! il n'est pas mort !...

Alors Joseph ouvre de grands yeux et demande à son interlocuteur qui il est et ce qu'il lui veut.

Mon petit ami, lui dit celui-ci, ne me reconnaissez-vous pas ? Je suis le perruquier Keller qui a tant de plaisir à entendre votre belle voix à la cathédrale.

Alors Joseph recueillit ses sens et dit au perruquier : Ah ! c'est vous, mon bon Keller, que ne m'avez-vous trouvé plus tôt, car je sens que c'est fini ; je ne chanterai plus sur la terre les louanges de Dieu et vous ne m'entendrez plus à la cathédrale, ni vous ni personne.

Le bon perruquier eut à ce moment l'idée de son rôle ; il se sentit responsable devant la postérité et il voulut à tout prix lui conserver l'un des plus grands artistes qui aient existé.

Viens, mon petit ami, dit-il à l'enfant, viens, tu es glacé :

je te réchaufferai ; tu meurs de faim : tu partageras ma table.

Je ne suis pas riche, mais n'importe : Dieu nous sera en aide.

Joseph essaya de marcher ; mais ses jambes fléchissaient et le bon perruquier le porta sur ses épaules.

Quel aimable tableau ! Le charitable artisan, portant comme en triomphe le futur auteur de « La Création » ; et quel contraste de ce moment à celui où le grand compositeur était acclamé dans un parterre de rois et de princes et par Napoléon Ier lui-même qui lui jetait des couronnes !

A quelques jours de là l'enfant de chœur retourna chez ses parents.

Son père, irrité, voulut soumettre immédiatement le jeune homme aux rudes labeurs d'une profession manuelle. Atterré de cette décision sévère, celui-ci en appela à sa mère. Femme douce et pieuse, celle-ci, ne rêvait pour son fils que le sacerdoce ; mais le jeune artiste ne se sentant aucun attrait pour cette vocation sublime, n'hésita point à briser cette chère illusion.

« Mais alors, que veux-tu devenir, s'écria la pauvre mère. » — « Je voudrais, répondit l'enfant rêveur, devenir ce que devient votre âme quand vous lisez dans le saint Livre les versets des Psaumes, les strophes des hymnes ; je voudrais être, quand vous récitez les paroles sacrées du Rosaire, la consolation et la joie qui vous élèvent jusqu'à Dieu? Je voudrais traduire toutes les pensées qui vibrent dans mon âme en chants harmonieux et puissants, afin de consoler et de réjouir les âmes qui les entendraient, et de leur faire rendre à Dieu tout honneur et toute gloire ! Oh ! mère ! que n'ai-je des paroles pour exprimer ce que je voudrais faire sentir ; mais non ! je n'aurai jamais des paroles éloquentes et communi-

catives, je me ferai comprendre des âmes par le seul langage des sons ! »

« Mon fils, reprit la mère toute émue, puisque tu veux mettre au service de Dieu ce qu'il t'a donné de talents, je te dis, sans te comprendre : « Va ! c'est bien ! » Mais mon enfant.

heureux ou malheureux, pas de haine, pas d'orgueil, point de
fiel ! sois honnête, sois pur ! aime Dieu, aime la Vierge, aime
ton prochain ! »

Le lendemain Joseph Haydn partit ; le père le regardait
froidement : « Fais à ta tête, lui dit-il, puisque tu crois trouver
là le bonheur, mais ne souille d'aucune tache le pauvre nom
d'Haydn, si tu ne veux point coucher toi-même ton père au
tombeau. S'il n'avait tenu qu'à moi, tu porterais déjà, de gré
ou de force, le tablier de charron. C'est à ta mère que tu dois
d'emporter ma bénédiction et ce peu d'argent pour tes premiers besoins. Il y aurait ici toujours pour toi du pain sur la
table, mais si tu parcours le pays avec des bandes de musiciens ambulants, épargne-moi de te revoir avec eux, et ar-
range-toi pour éviter le village natal. »

Autre fut l'adieu de la mère. Elle mit ses deux mains sur
les épaules de son fils, agenouillé devant elle, et plongea une
dernière fois un long regard dans les yeux mouillés de pleurs
de l'enfant ; elle l'aspergea d'eau bénite, l'embrassa en mur-
murant des prières ardentes, et lui remit, comme dernier gage
d'amour, un humble rosaire.

Malgré les chaleurs de la canicule, le jeune homme arriva,
à la nuit tombante, au pèlerinage célèbre de Marianzell (la
cellule de Marie) ; après quelques heures de repos il se rendit
à l'église, et là, tandis qu'on immolait la Victime sans tache,
on le vit longtemps, à genoux, réciter, le Rosaire à la main, sa
couronne d'*Ave Maria* avec une ferveur angélique. Enfin il
se leva pour demander le régent du chœur, mais le frère répondit : « Il y a aujourd'hui grand'messe en musique, il est

trop occupé. Mais le jeune visage qui s'encadrait au guichet de la porte refléta une si vive douleur que le bon portier murmura : « Attendez ! » Quelques instants après, introduit dans la cellule du régent, Joseph, surmontant son trouble, révéla le secret de sa vie, les charmes magiques que la musique religieuse exerçait sur son âme, et, avec la candide confiance de son âge, conjura de le laisser exécuter dans l'église du monastère quelques-unes de ses compositions : le régent refusa net ; Haydn sortit le cœur tout désolé, puis, reprenant son Rosaire, il se glissa timidement au milieu des enfants de chœur, et, faisant scintiller aux yeux de l'un d'eux la plus grosse pièce d'argent de son humble avoir, il murmura : « Laisse-moi chanter à ta place. » La Reine du Rosaire l'avait bien inspiré ; il chanta avec un ravissant enthousiasme et reçut du régent, subjugué, de précieux encouragements très utiles au développement de son précoce génie.

Arrivé à Vienne, il courut à Saint-Étienne prier la sainte Vierge de se montrer désormais sa mère et de le guider en toute occasion. Il avait aussi une singulière dévotion à sainte Cécile.

L'adolescent trouva tout de suite une humble mansarde chez d'honnêtes ouvriers. Mais, malgré l'affectueux accueil de ses hôtes, il n'avait ni un élève, ni même une épinette pour composer et écrire, et son peu d'argent fondait comme la neige au soleil d'avril.

Un dimanche, où, agenouillé dans l'église des Servites, il égrenait son Rosaire, entendant gémir l'orgue sous les mains inexpérimentées d'un vieux frère, Haydn obtint de s'asseoir à

sa place, et soudain, sous ses doigts enchanteurs, l'orgue éclata
en accents sublimes et émouvants. Les moines se déclarèrent
ses ardents protecteurs ; un artiste, pauvre comme lui, devint
son voisin et transporta son vieux piano dans sa mansarde.
Ému jusqu'aux larmes, et se précipitant au cou de son ami,
Haydn lui jura une éternelle amitié. Il se mit aussitôt à écrire
quelques morceaux que le généreux Ditters fit éditer en secret.
Passant un jour devant un célèbre magasin d'éditeur, il vit au
bas d'une page le nom de Joseph Haydn. Pâle de joie il entre
pour en acheter un, mais l'argent lui manque : l'éditeur l'in-
terroge, et en réponse à ses aveux ingénus lui donne six
exemplaires, et un ducat d'or pour de nouvelles compositions.
Jour béni entre tous ! En courant, sa musique à la main, pour
raconter plus tôt son bonheur, il se heurte à un inconnu bienveillant, qui l'excuse et le questionne à son tour. Haydn venait
de rencontrer Porpora : le grand maître, ému, lui offre des
leçons et un asile chez lui, touchant et rare désintéressement
d'un homme célèbre, s'oubliant pour étendre au loin la jeune
gloire qu'il s'estime heureux de développer. Sous la main
savante et affectueuse de Porpora, le génie d'Haydn prit un
rapide essor.

SAINTE ROSE DE-LIMA

ENFANCE DE

SAINTE ROSE DE LIMA

—⚹—

Vous savez, mes bons amis, que les héros des héros ce sont les Saints; et toute action glorieuse qui n'a son mobile que dans l'orgueil humain doit être regardée comme une faiblesse.

Vous conquérez la première place de votre classe, pour vous faire admirer ou dans un motif d'intérêt personnel : pouvez-vous dire que votre intention est excellente et que votre succès doit être admiré?

Mais ne voyez-vous pas que la passion, la vanité, l'égoïsme sont maîtres de vous et que vous obéissez à un sentiment coupable et dont vous êtes esclaves? Certes, jusque-là, n'est-il pas vrai, vous n'êtes pas bien *admirables*?

Vous concevrez, dans la suite de ce récit, ce qui est fort et ce qui s'impose à l'admiration par son cachet divin.

Votre étonnement ira toujours en croissant et vous serez comme effrayés en considérant l'héroïne aux prises avec elle-même et avec les épreuves divines qu'elle traversa.

Il lui fallait, en effet, une constitution athlétique, surhumaine et qui dépasse de beaucoup celles de notre siècle.

Si la lecture de sa vie ne nous incline pas à l'imiter, tellement elle demeure au-dessus de nous et en dehors des mœurs contemporaines, du moins, sachons reconnaître que nous pourrions faire davantage avec plus de bonne volonté et saisir, au passage, quelques traits du grand modèle.

Comme notre héroïne appartenait à une grande famille, on lui donna le nom d'Isabelle, en l'honneur de la reine de ce nom. Mais un prodige arrivé à sa naissance lui fit donner le nom de Rose.

A l'âge de trois ans, s'étant écrasé un doigt, on lui arracha l'ongle sans qu'elle versât une larme. Diverses maladies aiguës la trouvèrent également forte et au-dessus de son âge.

A cinq ans, elle se consacra à Dieu irrévocablement et se coupa les cheveux jusqu'à la racine.

Malgré cette sorte de mutilation elle était encore resplendissante de beauté; et sa mère rêvait pour Rose le plus bel avenir. Elle voulut la produire, et redoubler sa beauté par l'éclat des fleurs et des diamants. Rose se laissa faire pour ne pas désobéir; mais sous les fleurs qui paraient ses cheveux, elle enfonça une aiguille qui pénétra si avant qu'on ne put la retirer sans le secours du chirurgien.

Ceci, mes bons amis, vous étonne et fait frémir votre délicatesse, si soigneuse d'éloigner la plus petite douleur. Que voulez-vous ? Les saints étaient fortement persuadés qu'il n'y a que les *violents* qui emportent le ciel, et ils avaient peur d'être mous.

Lorsque ses parents virent la tournure que prenaient les choses, ils s'irritèrent et maltraitèrent la douce Rose qui souffrit cette nouvelle épreuve avec une patience qu'on désespéra de lasser.

Elle prit cependant la résolution d'entrer en religion au couvent des Dominicaines. Mais elle rencontra chez sa mère surtout une opposition qui dura plus de dix ans.

En attendant le jour bienheureux où il lui serait donné de voler comme la colombe, aux tabernacles du Seigneur, elle se montra d'une extrême complaisance pour ses parents; elle leur obéissait au moindre signe de commandement.

Son père s'étant ruiné dans des spéculations mal calculées, elle redoubla de travail pour le secourir.

Elle cultivait un petit jardin durant le jour, et la nuit, elle faisait des ouvrages d'aiguille, où elle excellait.

C'est aussi vers cette époque de sa vie qu'elle se livra à des mortifications dont le seul récit fait frémir notre sensibilité et désespère notre faiblesse. Et ceux qui sont étrangers aux voies de Dieu les taxeront d'exagérations homicides ou ne les croiront pas.

Elle s'était privée, dès son enfance, de toutes sortes de fruits. A six ans, elle jeûnait au pain et à l'eau trois jours de la semaine. A quinze ans, elle fit vœu de ne jamais manger de viande, à moins qu'elle n'y fût contrainte par l'obéissance.

Sa mère cependant s'aperçut de ses abstentions et l'obligea à manger comme les autres membres de la famille. L'admirable enfant sembla obéir; mais elle trouva dans cette obéissance même le secret d'une nouvelle mortification et d'un nouveau triomphe. Elle mêla adroitement du fiel à ses aliments et en savoura ainsi l'horrible amertume.

Elle flagellait encore son pauvre corps desséché avec une corde ou une chaîne de fer et suppliait la divine justice de lui pardonner ses fautes et celles des autres.

Son confesseur lui ayant défendu d'user de discipline si rude, elle cessa ses flagellations, et changea sa chaîne de fer en ceinture qui pénétra dans sa chair et l'ensanglanta. Ce supplice ne suffisant pas à sa ferveur, elle se couvrit tout le corps d'un cilice fait de crin de cheval armé de pointes d'aiguilles.

Pour imiter son Sauveur, Rose se fit une couronne composée d'un cercle qui semblait inoffensif, mais dont l'intérieur était garni de pointes aiguës qui labouraient la tête de la pauvre martyre.

Elle prenait quelques heures de repos chaque nuit, dans une sorte de coffre semé de fragments anguleux de bois et de tuiles. Une pierre brute était son oreiller.

Ces prodigieuses souffrances qui excitent notre compassion en même temps qu'elles nous étonnent, durèrent toute la vie de la sainte fille.

Elles servirent de base au monument de sainteté que Rose devait élever si haut et disposèrent son âme à recevoir, sans enivrement d'orgueil, la faveur des plus douces visions célestes.

Sainte Rose ayant lu dans la Vie de sainte Catherine son mariage mystique avec l'Enfant Jésus, elle désira vivement devenir l'épouse du Christ.

Un jour qu'elle était en prière dans la chapelle des Domini-
cains, elle vit tout à coup apparaître la Reine des cieux tenant
l'Enfant Jésus dans ses bras. En même temps ces deux per-
sonnages célestes abaissèrent leurs regards sur la sainte fille
avec un tel sourire de dilection, un rayonnement si sympa-

thique que le cœur de la bienheureuse se fondait, pour ainsi
dire, d'amour.

L'Enfant Jésus lui dit : Rose de mon cœur, je te prends pour
épouse ; et il lui tendit sa petite main droite. Rose la couvrit
de baisers brûlants et répondit dans l'enthousiasme de sa joie :
Je suis, ô mon Dieu, votre servante, votre esclave. Je n'ai pas
d'autres titres à vous présenter. Puis elle se perdit dans des

paroles que l'amour et le bonheur l'empêchaient de prononcer.

Cependant le noir Satan (fallait-il s'attendre à le voir ici?) lui que notre joie exaspère, ne tarda pas à faire grand bruit. Dieu lui laissa la liberté d'éprouver sa servante ; et ainsi, sans le savoir et surtout sans le vouloir, le tentateur travailla à l'exaltation de Rose.

La pauvre fille fut prise du plus sombre ennui. Le ciel n'avait plus d'étoile ni d'azur pour elle : c'était la tempête permanente. Dieu lui prodiguait les abandons comme il lui avait prodigué les caresses.

L'épreuve devint si aiguë que, ne sachant ce qu'elle allait devenir, la martyre s'écriait avec son Sauveur : Mon Dieu, mon Dieu, pourquoi m'avez-vous abandonnée ?... Et ses lamentations demeuraient sans écho comme si effectivement tout l'eût abandonnée. Les plus noirs désespoirs agitaient son âme ; et sans une grâce toute-puissante, elle aurait été brisée sous les étreintes de l'épreuve.

Après les tortures, les consolations redescendirent dans son âme. Elle en profita pour faire autour d'elle tout le bien possible. Elle prenait dans sa maison des femmes et des enfants malades qu'elle soignait comme une mère.

Elle se privait des choses nécessaires en faveur de ses protégées et se fit mendiante pour elles.

Elle soignait surtout leurs âmes, et dans l'ardeur de son zèle, elle se surprenait à dire naïvement : Si Dieu m'avait faite homme, je serais allée aux missions lointaines pour sauver les âmes.

Si seulement je pouvais prêcher ! ajoutait-elle dans un vif sentiment de regret, j'irais les pieds nus, le corps couvert d'un horrible cilice, et le crucifix à la main à travers les rues de Lima, répétant à tout le monde : Repentir et pénitence ! ô pécheurs ! Fuyez les flammes de l'enfer dont vous n'êtes séparés que par quelques instants qui fuient !...

Voilà une enfant extraordinaire, me direz-vous et qui n'était pas du tout comme les autres. C'est vrai, mes amis. Pour être et rester comme les autres il ne lui fallait que se montrer moins docile à la grâce qui venait à elle.

Nous sommes tous appelés à devenir saints, à monter au ciel. Et la main sur la conscience qui est celui qui peut dire : Je fais tout ce qu'il faut pour me sauver ?...

Dans l'intérêt de la vérité, nous disons que bien des fois nous avons failli. Nous n'avons pas toujours répondu au bon Dieu : Me voici, Seigneur, que voulez-vous de moi ?

Mais puisque le bon Dieu vous donne la vie, la jeunesse et la santé, soyez heureux, et ne lui résistez plus. Vous vous portez bien aujourd'hui : rien ne vous assure que vous vivrez demain.

SAINTE ROSE DE VITERBE

Nous voici en présence de l'aimable pendant de sainte Rose de Lima.

Son père était jardinier du château de Viterbe, et Rose vint au monde à côté du couvent de Sainte-Marie-des-Roses, en 1240.

Comme sainte Rose de Lima, la bienheureuse enfant à trois ans était remplie d'amour de Dieu et faisait des miracles.

Une de ses tantes étant morte, Rose inspirée d'en haut, se rend auprès du cercueil et appelle la morte de sa petite voix.

Pauvre enfant, disent les témoins de cette scène, elle ne sait pas encore ce que c'est que la mort. Mais tout à coup la défunte répond à sa voix et se met en mouvement, à la stupéfaction de tous. Dieu, par l'entremise de sa servante, venait de la ressusciter.

L'hérésie, le sommeil de la foi menaçait de tout envahir à Viterbe ; et ce miracle réveilla les consciences le moins près de la mort.

Quelque temps après le miracle qui avait rendu Rose célèbre, Dieu en fit un autre en sa faveur. (Nous retrouvons de même miracle dans la vie de sainte Élisabeth et de sainte Germaine de Pibrac.)

La pieuse enfant regardait les pauvres et les souffreteux comme ses meilleurs amis. Aussi leur donnait-elle tout ce qui lui tombait sous la main.

Son père qui se croyait pauvre lui-même blâma sa générosité et lui dit que c'était aux riches à prendre soin des pauvres.

Cependant Rose ne comprenait guère les réflexions de son père. Et ayant un jour enveloppé dans son petit tablier le morceau de pain qu'elle avait reçu pour son repas, elle courut droit à un pauvre qui l'avait aperçue.

Mais entre le pauvre et elle s'était placé son père. Et certain de la trouver en défaut il lui dit :

— Que portes-tu là, Rose ?

Subitement inspirée l'enfant répondit :

— Des roses, mon père.

— C'est ce que je veux voir.

Et l'enfant déroulant son tablier laissa tomber une pluie de fleurs.

Le père émerveillé n'en demanda pas davantage, il se reprocha sa dureté et laissa Rose à ses petites libéralités.

Cependant ces prodiges portaient aux quatre vents de la ville, la réputation de Rose. Et le Saint-Esprit l'avait trop bien instruite pour qu'elle ne sentît pas le danger de la vaine gloire naître à ses pieds.

C'est pourquoi, pour en prévenir les tristes effets, elle s'enferma dans une chambrette de la maison paternelle d'où elle ne sortait que pour aller à l'église.

Elle se livra, en ce temps-là, à des mortifications d'anachorète : elle couchait sur la terre et allait nu-pieds.

Dieu lui accorda le don de prophétie ; et au milieu d'une
extase on l'entendit s'écrier un jour : Bon ! le roi Louis (saint
Louis) est vainqueur avec les chrétiens ! Ce jour-là en effet,
saint Louis reprenait Damiette.

Rose avait atteint sa neuvième année ; et sa réclusion vo-
lontaire et ses privations de toutes sortes l'avaient épuisée. La
mort semblait imminente et le peuple faisait à son père un
crime d'avoir toléré les écarts pieux de sa fille.

Ces reproches vinrent jusqu'à Rose qui s'en affligea beaucoup. Elle redoubla ses prières à Marie qui la guérit dans
une vision.

La sainte Vierge la prenant par la main lui dit : Lève-toi,
mon enfant, car demain tu iras te faire recevoir du tiers-ordre
de Saint-François. De grandes persécutions t'attendent ; mais
ne crains rien, je serai avec toi. Ceux qui te croiront seront
bénis ; mais ceux qui te mépriseront seront punis.

Revêtue de la livrée de saint François, Rose se sentit au
cœur le zèle des Apôtres ; elle se mit à parcourir les rues, an-
nonçant la parole de Dieu à ses concitoyens [1].

« Frères, disait l'enfant, faisons pénitence : Dieu va nous
châtier et les plus grands malheurs vont fondre sur nous si
nous ne nous convertissons. »

Rose avait l'autorité de la vertu ; ses discours faisaient foule ;

---

[1] De nos jours on voit encore en Italie des prédicateurs s'installer sur une
place publique ou un marché et prêcher la foule.

et qui le croirait ? Satan ne bougeait pas encore, quoique mourant d'envie d'entraver l'œuvre de la sainte.

Un jour notre sainte était juchée sur une pierre et de là faisait retentir les justices de Dieu jusques au fond du cœur des écoutants. Cependant plusieurs de ceux-ci, condamnés à l'entendre sans la voir, se plaignirent et menaçaient de troubler l'orateur par quelque bousculade intempestive.

Alors on voit la pierre qui portait la petite Rose quitter le sol et demeurer suspendue en l'air au grand ébahissement de la foule. L'Italie fut bientôt pleine de ces prodiges ; et les âmes, comme les abeilles à leur ruche, accouraient au bercail de Dieu.

Nous avons vu Satan rester coi devant les miracles de conversion opérés par Rose.

Mais le voici s'avancer cousu dans la peau d'un hérétique qui, avec beaucoup de précautions et pour ne pas être converti, se bouchait les yeux et les oreilles chaque fois qu'il passait auprès de Rose.

Un jour, il voulut faire davantage et communiqua à la frêle enfant une poussée capable de renverser un colosse. Rose cependant dansa sur ses pieds et n'alla pas jusqu'à terre. Elle dit doucement au misérable : « Dieu te frappera bientôt de ridicule. »

Trois jours après, il perdit en effet ses cheveux et sa barbe, en sorte qu'il n'osait plus se montrer.

L'Italie gémissait alors sous l'omnipotence de Frédéric II, empereur d'Allemagne. Le gouverneur de Viterbe, une de ses créatures, s'évertuait à faire à l'Église tout le mal possible.

La petite Rose attira son attention. Il ne pouvait voir sans un amer dépit les populations accourir à ses discours et les entendre crier dans leur enthousiasme : Vive Jésus-Christ !

Le pauvre homme se mit en tête de jouer les antiques persécuteurs et défendit à la sainte de prêcher. L'enfant lui fit répondre : « Celui qui m'a commandé de prêcher est plus puissant que vous et j'aime mieux mourir que de lui désobéir. »

Le tyran n'osa pas l'enfermer de crainte d'appeler une révolte du peuple ; il fut peut-être plus cruel : il la fit chasser de la ville avec ses père et mère par une nuit de décembre.

La neige couvrait la terre, et les trois exilés ne savaient où ils allaient. Cependant Rose, les pieds nus et revêtue d'un cilice, égayait la tristesse du voyage en s'oubliant elle-même. Hélas ! nous faisons précisément le contraire de la sainte. Quels sont les enfants qui songent véritablement à soulager leurs parents en s'oubliant eux-mêmes ? Ne les voit-on pas se plaindre de tout et de rien ?

En marchant devant eux, les proscrits arrivèrent au village de Soriano. Rose qui s'inquiétait peu des événements et qui n'avait au cœur que son Bien-Aimé, recommença de prêcher. Le lendemain de son arrivée, une foule l'écoutait malgré le froid et la neige. Tout à coup l'enfant s'écria : « Réjouissez-vous, mes frères, Frédéric le persécuteur du Christ et de son Église est mort. » La nouvelle de l'événement arriva bientôt et confirma cette assertion.

Une vieille sorcière se livrait à des pratiques diaboliques et riait au nez de la sainte qui essayait de la convertir.

« Si tu veux te jeter dans le feu, ma petite, et y rester aussi longtemps que je te le dirai, je croirai à la divinité de la religion que tu annonces. »

« J'accepte l'épreuve, répondit Rose. Allumez votre bûcher. »

La sorcière tressaillait dans ses ténèbres, contente de voir l'enfant qui la démasquait, succomber dans les flammes.

Lorsqu'elle vit le feu respecter jusqu'aux habits de *la petite*, elle pleura et se convertit.

A la mort de Frédéric, les habitants de Viterbe chassèrent le gouverneur et rappelèrent leur bien-aimée compatriote. Mais, à leur grand étonnement, celle-ci déclara sa mission parmi les hommes terminée et ne voulut plus prêcher et demanda à entrer dans le couvent de Sainte-Marie-des-Roses.

Cependant le cœur de la sainte enfant allait être mis ici à une sanglante épreuve. La porte du couvent se ferma devant elle à son grand étonnement. Elle retourna alors chez elle et s'enferma de nouveau dans sa chambrette. Elle prédit cependant aux religieuses qui ne voulaient pas d'une novice de dix ans, qu'un jour elles seraient bienheureuses de la recevoir et de la garder. La sainte ne parlait pas sous l'impression d'un sentiment d'amour-propre blessé, mais par une inspiration divine.

Elle mourut cinq ans après ; et son corps, sur l'ordre du Pape, fut transporté au couvent et inhumé, incorruptible, à l'endroit que la sainte avait désigné.

A son exemple, mes bons amis, ne faisons pas attention aux menaces des ennemis de Dieu, et faisons le bien malgré tout.

Nous ne pouvons pas monter sur des bornes, aux angles des rues pour prêcher, mais ne devons-nous pas dire un bon mot à nos camarades, à nos frères et sœurs et leur donner bon exemple ?

Sans doute, il n'y a plus, ou presque plus de sorcières à convertir ; mais la masse des pécheurs ne devient-elle pas de jour en jour plus compacte, plus noire : ne la grossissons pas.

SAINTE LÉOCADIE

─ᴡᴄᴢ─✳─ᴄᴢᴡ─

Seigneur, mon Dieu, vous m'avez préparé
une demeure au-dessus de la terre et je
vous ai prié de me délivrer de la mort
qui ne passe jamais. (*Ecclésiastique*.)

L'Espagne a toujours été un champ fertile en grands saints,
et le sang qu'ils ont glorieusement répandu a été, selon l'expression de Tertullien, la semence de nouveaux martyrs.
Parmi tant de héros chrétiens, on a vu un grand nombre de
jeunes filles qui, s'élevant au-dessus de la délicatesse de leur
âge et de leur sexe par leur constance dans la foi, ont bravé
la barbarie des plus cruels tyrans et sont devenues des miracles de la grâce.

De toutes ces vierges martyres Léocadie est une des plus
célèbres. Elle était de Tolède, et d'une des plus anciennes et
des plus nobles familles du pays ; elle vint au monde vers la
fin du troisième siècle. On la regardait dans Tolède comme un
prodige d'esprit et de sainteté et elle passait, dans la pensée
même des païens, pour la fille la plus accomplie qu'il y eut
en Espagne.

Léocadie vivait en vraie religieuse dans sa maison, lorsque Dacien, gouverneur de l'Espagne tarragonaise, y fut envoyé par les empereurs Dioclétien et Maximien, avec ordre de mettre tout en œuvre pour abolir le culte du vrai Dieu dans Tolède. Il n'y eut peut-être jamais un tyran plus cruel, plus barbare, ni plus ennemi du nom chrétien.

Étant venu à Tolède, il défendit sous peine de la vie d'adorer d'autre Dieu que les dieux de l'empire. Il commanda qu'on fît une perquisition exacte de tous les chrétiens, et qu'on lui en donnât la liste : l'ordre fut exécuté.

Léocadie était trop connue même des païens, pour n'avoir pas la gloire de se trouver à la tête de cette liste. Le gouverneur demanda d'abord qui était cette fille qui faisait profession d'une religion proscrite par les empereurs. On lui dit que c'était une jeune enfant de la première noblesse, dont les ancêtres avaient possédé jusqu'alors les premiers emplois dans l'État, et que ses belles qualités la rendaient recommandable, mais qu'elle était chrétienne ; et comme sa haute vertu, la pureté de ses mœurs et sa modestie imposaient au public, elle faisait honneur à sa religion et décriait par son exemple le culte des idoles.

Dacien ordonna qu'on la lui amenât. Léocadie, avertie qu'elle était mandée par le gouverneur, se disposa au martyre par les plus ferventes prières ; après quoi, animée d'un courage que Dieu seul peut donner, elle se rend au palais, et se présente au gouverneur avec une hardiesse véritablement chrétienne. Dacien la voyant paraître en fut charmé ; il se leva pour lui faire honneur ; et lui dit d'un ton bienveillant et

respectueux : « Je suis informé de la noblesse de votre naissance, du mérite de vos aïeux, et des belles qualités de votre
personne. On a voulu vous rendre de mauvais services auprès
de moi, en vous déférant comme chrétienne ; mais je n'ai
point voulu écouter la calomnie. Vous avez trop d'esprit et
vous êtes trop sage pour vous être laissée entraîner dans une
secte qui est en horreur à tous les honnêtes gens et qui est
proscrite dans tout l'empire. »

Sainte Léocadie écoutait ce discours en silence, les yeux
baissés, sans qu'il parût ni frayeur ni émotion sur son visage.
Dacien ayant cessé de parler, elle prit la parole, et lui dit
d'un ton ferme et assuré :

« Seigneur, je vous suis très obligée des sentiments avan-
tageux que vous avez de moi ; mais je dois vous dire que je
suis sensiblement touchée de la prévention désavantageuse
où je vous vois contre les chrétiens, et du mépris que vous
faites de la religion chrétienne. Il n'y a que ceux qui ne la
connaissent pas qui ne l'estiment pas ! il suffit d'être raisonnable pour être persuadé que c'est la seule véritable. Ce
qu'on appelle les dieux de l'empire ne sont que des dieux
fabuleux ; peut-on être sage, peut-on même faire un bon
usage de son esprit et de sa raison, quand on n'a qu'une
idée chimérique de la divinité ?

« Nous autres chrétiens, nous adorons le Père, le Fils et le
Saint-Esprit un seul Dieu en trois personnes. »

Dacien parut frappé de cette sainte hardiesse ; mais faisant
réflexion que c'était mal faire sa cour aux empereurs que de
mollir en faveur des chrétiens, et que ce serait un début bien

honteux pour lui s'il paraissait céder à une jeune fille, toute son admiration se changea en fureur, et regardant la sainte avec des yeux foudroyants : « Allez, vile esclave, lui dit-il, vous êtes indigne de la famille dont vous êtes issue. » Puis s'adressant aux bourreaux qui l'accompagnaient toujours : « Puisqu'elle fait profession d'être servante d'un Galiléen mort sur une croix, qu'on la traite en esclave. » Il ordonna ensuite qu'on la frappât à coups de bâton. La sentence fut exécutée avec tant de cruauté que ses membres furent bientôt brisés, et que le sang coulait en abondance de tout son corps couvert de plaies.

Durant un supplice si cruel et si affreux, la sainte ne poussa pas le moindre soupir, ne versa pas la moindre larme. Une joie surnaturelle répandue sur son visage marquait les douces consolations dont son cœur était inondé. Les yeux fixés vers le ciel, elle n'ouvrait la bouche que pour remercier Dieu de la grâce qu'il lui faisait de souffrir pour sa gloire.

Cependant le tyran ne voulant pas qu'elle expirât sous ses coups, ordonna qu'elle fût conduite en prison, et enfermée dans un affreux cachot, la réservant pour de plus grands supplices.

Sur le chemin, Léocadie rencontra des enfants chrétiens qui pleuraient en la voyant dans cet état pitoyable. Elle les consola, en leur disant qu'ils devaient bien plutôt lui porter envie, et remercier Dieu de la grâce qu'il lui faisait de souffrir pour Jésus-Christ.

La sainte enfant enfermée dans un noir cachot, bénissait jour et nuit le Seigneur, et regardait sa prison comme une demeure qu'elle préférait aux plus magnifiques et aux plus délicieux palais du monde.

Sainte Léocadie fut si touchée de la cruauté qu'on exerçait envers les chrétiens, et de l'horrible persécution qui s'allumait contre les serviteurs de Dieu, qu'elle pria instamment le Seigneur de la retirer d'une terre où le nom de son divin Maître allait être en exécration et où on devait faire une si effroyable boucherie des fidèles.

Sa prière fut exaucée, et dans la plus grande ferveur de son oraison, ayant baisé tendrement une croix qu'elle avait formée sur une pierre, elle expira à l'instant même.

Cette mort précieuse arriva le 9 décembre 303. Quelques-uns assurent que notre sainte ayant appris dans la prison les combats et le triomphe de sainte Eulalie et des autres martyrs, elle se mit en prière pour demander à Dieu la grâce de participer au plus tôt à leur gloire et que son désir de voir Dieu fut si ardent, qu'elle lui rendit son bienheureux esprit au milieu de ses violents transports d'amour. Son corps fut jeté par les païens à la voirie ; mais les chrétiens eurent soin de l'enlever et de l'enterrer.

SAINT VENANT, ENFANT, MARTYR

~~⚹~~

Il naquit à Camérino, ville d'Italie. Ses parents étaient païens ; mais le bon Dieu lui ménagea la grâce du baptême, et il s'y montra fidèle.

Venant était d'un caractère intrépide, ne sacrifiant rien au devoir et ne refusant rien à Dieu par principe de générosité.

L'aveuglement de ses compatriotes lui faisait saigner le cœur et il s'improvisa missionnaire. Vous remarquerez, mes amis, ce trait de ressemblance avec sainte Rose ; ou plutôt ce zèle pour le salut de ses frères est le côté caractéristique de tous les saints, parce que le zèle vient droit du Cœur de Jésus.

Ce petit enfant prédisant la chute des dieux et bravant tous les édits des préfets et des empereurs étonna d'abord Camérino.

Il y avait alors sur le trône des Césars une bête féroce appelée Dèce et qui allait à l'odeur des chrétiens comme le tigre qui court à l'odeur du sang.

Il avait un satellite digne de sa barbarie dans le gouverneur Antiochus, qui surveillait les chrétiens de Camérino. Venant fut déféré à son tribunal.

Le jeune saint ayant appris que des soldats devaient venir l'arrêter, alla à leur rencontre et le gouverneur le regarda avec étonnement. Venant fit plus que cela : il apostropha le gouverneur avec une liberté qui fit trembler tous ceux qui l'entendirent.

« Les dieux que vous adorez, dit-il au magistrat, ne sont pas des dieux, mais de vains simulacres inventés par les démons. Ce que vous racontez de leur vie montre qu'ils furent des hommes et des femmes dont la conduite était pleine de vices. Comment des êtres criminels pourraient-ils être des dieux ? Reconnaissez donc qu'il n'y a qu'un seul Dieu, celui qui a créé le ciel et la terre ; reconnaissez son Fils unique qui, s'étant fait homme pour nous sauver, nous a tirés de l'abîme du péché en mourant pour nous sur la croix. »

La joie que le cruel gouverneur avait éprouvée en voyant arriver sa victime se change en fureur lorsqu'il entend ces paroles. Il ordonne à ses soldats de se saisir de l'enfant et de l'accabler de mauvais traitements, jusqu'à ce qu'il renonce à la religion chrétienne ou qu'il meure.

Les bourreaux s'acquittèrent de leur mission avec toute la barbarie dont ils étaient capables. Comme l'enfant persistait toujours dans sa foi, ils l'attachèrent à un poteau et se mirent à le flageller avec tant de cruauté, que la victime n'aurait pas tardé à s'affaisser sous les coups ; mais un ange apparut soudain, écarta les bourreaux, et brisa les liens du martyr.

Après un premier moment de stupeur, ces païens endurcis, aveugles à la vraie lumière, s'empressent de reprendre leur prisonnier ; et, comme pour se venger de leur première défaite, ils l'attachent les pieds en haut et la tête en bas ; puis lui brûlent le corps avec des torches ardentes. De temps en temps, ils lui placent les torches sous la bouche pour le suffoquer par la fumée. Cependant, ils répétaient à leur victime : « Renonce au Dieu des chrétiens, et tes tourments cesseront. »

L'athlète du Christ souffrait tous ces supplices avec une constance si sereine et si calme, que les spectateurs étaient

dans l'admiration. Plusieurs se convertirent, parmi lesquels le *corniculaire* Anastase (c'était un des employés du tribunal) ; il vit un ange, revêtu d'une tunique blanche, détacher une seconde fois le jeune martyr. Anastase reçut le baptême avec toute sa famille, des mains du prêtre Porphyre, et quelque temps après, versa, lui aussi, son sang pour Jésus-Christ.

Antiochus fut très surpris d'apprendre la constance du jeune chrétien, et il voulut essayer de gagner par la ruse ce qu'il n'avait pu obtenir par la violence.

Par ses ordres, Venant fut jeté au fond d'un noir cachot. Au bout de quelque temps, la porte s'ouvrit et un soldat nommé Attale, pénétra jusqu'auprès du jeune martyr. « Moi aussi, lui dit-il, j'ai été chrétien (c'était un odieux mensonge) ; mais j'ai compris que c'était une folie de renoncer aux plaisirs certains de la vie présente par une vaine espérance des biens à venir ; j'ai donc renoncé à la religion des chrétiens pour adorer les dieux de l'empire. »

Venant repoussa, avec indignation, les perfides conseils de ce traître.

Alors, le tyran l'appelle à son tribunal. L'enfant y proclame la divinité de Jésus-Christ. Antiochus ordonne de lui casser les dents. Le sang jaillit à flots des gencives déchirées. Ensuite les bourreaux le jettent dans un égout. Un ange l'en délivre. Les soldats le reprennent. Amené au tribunal d'un des juges de la ville, Venant, dans un langage inspiré, expose la fausseté du paganisme et la vérité de l'Évangile, lorsque le juge tombe soudain du siège et expire sur le sol, en disant : « Le Dieu de Venant est le seul vrai Dieu ! »

A cette nouvelle, Antiochus, de plus en plus furieux, envoie l'ordre de jeter Venant en pâture aux lions. Mais ces bêtes féroces ne lui font aucun mal.

Pendant ce temps, le prêtre Porphyre vient trouver Antiochus et lui dit : « Cette nuit, le Dieu véritable m'a montré les chrétiens, récemment convertis par Venant et baptisés par moi, tout brillants de lumière ; vous, au contraire, et ceux qui partagent vos erreurs, étiez noyés dans les ténèbres. » Antiochus répondit en ordonnant à ses bourreaux de prendre

Porphyre et d'aller lui trancher la tête. C'est ce que désirait le martyr.

Venant restait toujours sur le champ de bataille. Le gouverneur ordonne aux bourreaux de lui attacher une corde aux pieds et de le traîner le reste du jour à travers les ronces et les épines. De larges taches de sang et des lambeaux de chair signalent le chemin suivi par la victime.

Après ce barbare supplice, Venant, demi-mort, et dans un état affreux, est abandonné par ses bourreaux. Ceux-ci croyaient inutile de s'occuper davantage d'un cadavre.

Le lendemain, Venant, miraculeusement guéri, se présente à Antiochus, pour lui montrer la puissance de Jésus-Christ et le néant des idoles. Au lieu de se convertir, l'obstiné païen s'en prend aux bourreaux et leur ordonne d'infliger au martyr le même supplice que la veille.

Cela dura longtemps. Les soldats fatigués, sous un soleil ardent, se plaignent d'une grande soif. Leur victime les prie de s'arrêter un moment ; et aussitôt, se mettant à genoux, l'héroïque enfant implore la bonté de Dieu pour ses bourreaux. Il trace ensuite le signe de la croix sur une pierre ; et il en jaillit une source d'eau vive, à laquelle les soldats se rafraîchissent et se désaltèrent. (Cette pierre est encore conservée dans l'église de Saint-Venant, à Camérino).

Ce miracle interrompt le supplice ; plusieurs païens se convertissent. Les magistrats les condamnent à avoir la tête tranchée. Venant les accompagne lui-même au lieu du martyre pour soutenir leur courage ; enfin, sa tête tombe aussi sous le tranchant du glaive et son âme va les rejoindre au ciel.

On raconte qu'une secousse de tremblement de terre jeta en ce moment la terreur dans la ville de Camérino. Le gouverneur Antiochus mourut subitement peu après.

Les chrétiens ensevelirent honorablement les corps des martyrs. Dès lors, chaque année, les fidèles de Camérino fêtèrent l'anniversaire du jour où Dieu avait couronné son serviteur Venant. Quand la paix eut été définitivement rendue aux chrétiens, ils construisirent une église en son honneur et y déposèrent, avec respect, les reliques de leur saint patron.

(*Transcrit en partie du* « Pèlerin »).

GLUCK, ENFANT DE CHŒUR

~~⌐≭⌐~~

La cathédrale de Vienne, en Autriche, était un jour remplie d'une foule de fidèles plus grande encore qu'à l'ordinaire, et les mystiques voûtes de la basilique retentissaient des sons de la musique sacrée ; mais une certaine impatience semblait agiter les fidèles ; l'impatience était visible sur le visage de ceux que la curiosité avait évidemment attirés plutôt que la piété.

— On m'avait dit qu'il chanterait, disait à son voisin un homme d'une quarantaine d'années, dont tout l'extérieur annonçait un artiste.

— Qui voulez-vous dire ? répliqua le voisin, qui n'était autre qu'un pauvre religieux tout absorbé dans la prière et la méditation.

— Le jeune Christophe.

— Quel est ce jeune homme ?

— Comment, vous ne le connaissez pas ? C'est un enfant né, dit-on, dans le Palatinat, d'honnêtes et pauvres parents, fervents catholiques, mon Père, et qui est enfant de chœur de la cathédrale. Or, ce jeune enfant a une voix...

Le bon religieux n'écoutait plus, et il avait repris le cours
de ses prières, roulant dans ses mains amaigries un chapelet
à gros grains, lorsqu'il leva tout à coup la tête, en même
temps que son interlocuteur s'écriait : Écoutez !

En ce moment, une espèce de charme semblait s'être emparé
de tous les assistants ; un silence majestueux régnait dans la
cathédrale, et une voix douce, sonore, suave, limpide, remplissait l'immense basilique d'une harmonie véritablement
céleste.

Le jeune enfant de chœur, Christophe Gluck, chantait un motet de Clari, et l'expression naïve et pieuse de son chant, le merveilleux charme de sa voix d'enfant, captivaient toutes les oreilles.

Le religieux, transporté, ravi, versait des larmes d'attendrissement ; il croyait entendre déjà les célestes harmonies que ses pieuses méditations faisaient pressentir à son âme élevée au-dessus des sens.

Il attendit l'enfant de chœur au sortir de la cathédrale, et, les yeux humides, le serrant contre son cœur, il lui dit :

— Cher enfant, je ne puis que vous féliciter de votre talent si vrai et si touchant, et que vous savez si bien employer à la gloire de Dieu. Je n'ai rien, hélas ! à vous donner comme gage de mon ravissement, mon petit ami, rien que ce chapelet... conservez-le en souvenir du frère Anselme, et promettez-moi de le réciter chaque soir en l'honneur de la Mère de Dieu. Cette pratique vous portera bonheur, mon enfant, et, je le pressens, si vous y êtes fidèle, le bon Dieu bénira vos efforts, même devant les hommes ; vous serez illustre sur la terre, et vous vous rendrez digne d'entendre un jour les ravissants concerts du paradis.

Le jeune Christophe reçut le chapelet et embrassa le bon religieux en lui promettant d'être fidèle au culte de la sainte Vierge.

Cependant Gluck était parvenu à l'âge de quinze ans. Son plus vif désir était d'aller à Rome pour se perfectionner dans ses études musicales ; mais, pour un si long voyage et pour un tel séjour, il fallait de l'argent, beaucoup d'argent, et son père, chargé d'une nombreuse famille, ne pouvait lui en donner.

Comment faire? comment partir? Bien d'autres se seraient découragés; mais le jeune Gluck avait deux puissants motifs pour soutenir son courage : sa confiance en la sainte Vierge,

en l'honneur de qui il n'avait pas cessé de dire son chapelet tous les jours, et la voix puissante d'une vocation qui venait d'en Haut.

Il attendit donc, redoublant de ferveur dans le service de Dieu, et de dévotion dans le culte de la Vierge.

Un soir, selon son habitude, il venait de retremper sa confiance dans la récitation du saint Rosaire, et il tenait encore dans ses doigts le chapelet béni du frère Anselme... voici qu'on frappe vivement à la porte de la modeste demeure de ses parents. Son cœur bat vivement : un secret pressentiment lui dit qu'il est arrivé à un moment décisif pour son avenir.

On ouvre... C'était le maître de chapelle de Saint-Étienne de Vienne.

— Que me voulez-vous ? s'écrie l'enfant, qui ne peut croire que le maître de chapelle vienne pour un autre que pour lui.

— Monseigneur l'archevêque m'envoie vers vous, monsieur Gluck, dit celui-ci en s'adressant au père de Christophe. Il m'a chargé d'aller en Italie pour y faire la collection des œuvres de Palestrina, et il désire m'adjoindre votre Christophe en qualité de secrétaire. Y consentez-vous ?

Le père de Christophe leva vers le ciel des yeux humides de reconnaissance, et, remerciant l'archevêque de ses bontés, il donna son consentement.

Christophe s'était jeté à genoux et remerciait la sainte Vierge.

Le rêve de sa vie allait donc se réaliser : il allait voir Rome, il allait entendre les grands maîtres de l'art, et tremper son talent aux sources vives de la musique et de la religion.

Quelques jours après, il roulait sur la route de Trieste avec son bon et savant professeur.

Nous ne suivrons pas le grand musicien dans son séjour de vingt ans en Italie ; nos jeunes lecteurs pourront voir ailleurs les détails profanes de la vie de cet éminent artiste, qui opéra une véritable révolution dans la musique ; mais nous leur dirons, ce que les biographies pourraient bien oublier de leur apprendre, que Gluck resta fidèle à la promesse qu'il avait faite au frère Anselme : il ne manqua pas un seul jour de réciter son chapelet, et, plus tard, à la cour de Vienne, parmi les courtisans de Marie-Thérèse ; à la cour de Versailles, au milieu des fêtes embellies par la présence, animées par les regards de l'heureuse Marie-Antoinette, quelques années après si malheureuse et si grande, partout, toujours Gluck savait s'arracher aux douceurs d'un repas splendide, d'une conversation intéressante, d'une fête éblouissante, pour aller réciter à l'écart son Rosaire sur le chapelet du bon religieux.

P. Dérouet.

AZELLA L'AFRICAINE

—⸺✳︎⸺—

C'était une enfant de dix ans qui semblait dire lorsqu'on la regardait :

« Vous pouvez lire au fond de mon âme, je ne crains pas, je n'ai rien à cacher. » Fervente dans sa religion, elle avait voulu faire le *Rahmadan* (jeûne des Musulmans) quoique son jeune âge l'en eût dispensée. Sa santé s'en était un peu ressentie. Mais, la courageuse enfant n'en avait pas moins continué sa pénitence rigoureuse, et aux offres qu'on lui faisait elle répondait avec élan :

« Non, non, je veux faire plaisir à Dieu. »

Elle avait réussi, nous n'en doutons pas, et Celui qui agrée l'offrande d'un cœur pur, allait la récompenser magnifiquement.

A quelques jours de là, Azella se plaignit de douleurs au cou, la fièvre vint, elle dut s'aliter. Le médecin consulté découvrit un abcès, qu'il fallut percer et soigner douloureusement. Celle qui avait su se priver de nourriture[1], supporta la pénible opération avec le même courage, et guérit à peu près. Sellouah (sa mère) était tout heureuse de voir sa fille bien-aimée recouvrer ses forces.

Il semble que par cette maladie, la Providence ait seulement voulu donner un avertissement à la petite fille. Comprit-elle ce langage du ciel?... je ne sais ; toujours est-il, que dès lors elle se montra plus douce, plus tendre, plus pieuse que jamais et sa mère l'aima davantage, se disant qu'elle ne pourrait se séparer d'elle, pour la donner à un époux, qui la ferait peut-être souffrir comme elle-même souffrait.

Non, Sellouah! non, ta fille n'est pas pour un mortel, tu n'auras pas la douleur de voir une telle union. L'Époux des Vierges se l'est choisie et ce lys des champs, exilé sur la terre, ira fleurir au ciel. Ne crains pas, ô mère désolée, ta fille va être récompensée par le Dieu de toute miséricorde ; Il ôtera ton trésor à cette terre de misère, à ce pays d'esclavage, à cette religion de mensonge. Je vois déjà les portes du paradis qui s'entr'ouvrent, et les anges qui sourient et tendent les bras à leur sœur. Pars donc, Azella!...

Quinze jours s'étaient à peine écoulés, que l'enfant reprise plus violemment s'étendait de nouveau sur le lit qu'elle ne devait plus quitter. Elle toussait et sa maladie présentait tous

[1] Pendant le Rahmadan ou carême, les Arabes ne mangent, ne boivent, ni ne fument depuis le lever du soleil jusqu'à son coucher. Ils doivent même éviter de respirer le parfum d'une fleur, parce qu'ils prétendent que cela les endort. La nuit se passe en orgie pour les hommes ; mais les femmes ne prennent que peu de chose, aussi sont-elles exténuées de fatigue et de faim par ce terrible jeûne.

les caractères d'une affection de poitrine. Le docteur de la famille appelé prescrivit certains remèdes, mais Azella ne voulut ni des uns, ni des autres. On fit donc venir un médecin français.

O Providence qui veille sur les petits ! L'homme de la science était chrétien. Il vit le péril : tuberculose, phtisie très prononcée, qui offrait d'autant plus de danger que l'enfant était encore affaiblie par sa précédente maladie. Dieu l'inspira :

« Ce soir, dit-il à Sellouah, je vous enverrai des Sœurs qui appliqueront un remède. Je n'espère pas guérir votre fille, mais elle en sera grandement soulagée ; » et il sortit. A peine de retour chez lui, il écrivit un mot aux Religieuses. La lettre finissait ainsi :

« C'est moins pour le corps que pour l'âme ; ce n'est point pour la soigner, c'est pour la régénérer. »

Quand la Mère Supérieure eut achevé de lire le billet de M. X***, elle ne délibéra pas longtemps ; dans l'après-midi les envoyées de Dieu et de Marie Immaculée se présentaient à la porte du palais.

On les attendait. Sellouah les reçut avec reconnaissance sans se douter de quelle merveilleuse pharmacie provenait le remède précieux. Les Missionnaires s'approchèrent de la petite malade livrée déjà à une sorte de torpeur qui lui ôtait presque tout sentiment. Tout en l'arrangeant, l'une d'elles versa l'eau sainte sur son front brûlant de fièvre et la nomma Marie. C'était bien le nom qui convenait à celle que la Vierge bénie devait venir chercher le jour de la clôture de son mois.

Heureuses, les Filles de la sainte Vierge se retirèrent, non sans donner à la pauvre mère quelques consolations suggérées par la charité.

« Elle ira au ciel, » soupirait Sellouah.

« Oui, répondaient les Religieuſes, nous te le promettons. »

Elle ne savait pas, cette femme musulmane, quel était le paradis qui attendait son enfant. Elle se représentait celui de Mahomet fait de plaisirs charnels ; comment aurait-elle pu se douter que l'âme pure de son enfant allait posséder la suprême félicité, espoir des chrétiens.

Pendant deux ou trois jours l'état de la mourante fut à peu près le même. En voyant son épuisement, le docteur s'étonnait qu'elle vécût encore.

« Mais, disait-il, cela ne peut durer longtemps. »

Dans la journée du 30 mai (1893), Azella sortit de son assoupissement et, soulevant sa pauvre tête, elle dit tendrement à sa mère :

« Maman, il faut faire ma toilette, parce que demain je vais dans ma famille. »

Ces paroles parurent étranges à Sellouah ; pensant que sa fille délirait, elle ne se rendit pas à sa demande.

« Oui, reprit la fillette, parfume mes cheveux, il faut que je sois prête quand mes frères viendront me chercher. »

Et devant le regard suppliant de sa bien-aimée, Sellouah se lève, aidée de ses filles et de ses servantes, elle satisfait au désir de son Azella. Ses beaux cheveux furent imprégnés d'huile précieuse, ses sourcils marqués du *koeul* le plus fin, ses ongles et ses pieds reçoivent une couche de *heiné*. Ainsi prête, on l'étendit sur un autre divan couvert de moelleux coussins. Elle parut contente, Abaïla, sa sœur préférée, était auprès d'elle, la malade lui pressant la main, lui dit avec tendresse :

« Je t'attendais, je suis contente de te voir. » Puis, baissant la voix : « Demain, ajouta-t-elle, j'irai dans ma famille, tous mes frères viendront me chercher... nous irons chanter là-haut... » et son regard cherchait le ciel : « Ne pleure pas, continua-t-elle, je vais être si heureuse ! Je ne t'oublierai pas, ma sœur, car je ne meurs point, je vais au ciel ! »

Fatiguée, elle reposa la tête sur l'oreiller, et fermant les yeux, retomba dans l'état où elle était depuis quelques jours.

Le soleil se couchait, ses derniers rayons pénétrant par la fenêtre ouverte, jetaient sur l'enfant des reflets d'or. Elle semblait déjà entrer dans la gloire. Mais l'astre du jour disparaît derrière les collines, la nuit étend son voile sur la ville, seule une petite lampe éclaire la chambre de l'agonisante. La pauvre Sellouah, vaincue par la fatigue, s'assoupit sur son sopha. Tous dormaient, seule l'enfant ne pouvait trouver un complet sommeil. Soulevant par moment ses paupières appesanties, elle jetait un regard sur cette famille qui lui était si chère ; puis ses yeux et ses pensées se retournaient ver le ciel. Encore quelques heures et elle verra face à face le Dieu qu'aime son cœur.

Voici l'aurore. Salue ce jour, Azella, c'est celui de la récompense et de la joie. Écoute !... les anges tes frères et leur Reine Immaculée descendent vers toi. Lève-toi, jeune vierge, et vas à eux !

Soudain, l'enfant se dresse sur son lit ; son regard est attaché à l'espace, elle tend ses mains diaphanes à une céleste apparition et tandis que ceux qui l'entourent la contemplent avec émotion, elle s'écrie d'une voix joyeuse :

« La voilà... qu'elle est belle !... oh ! je viens, je viens !!! »

Dans ce dernier effort sa vie expire. Inanimée, elle retombe sur sa couche et la mère qui sanglote, ne serre plus dans ses bras que le corps de sa fille. Son âme a pris place parmi les anges ses frères qui formaient le cortège de la Reine du ciel. Elle jouit désormais du bonheur infini de contempler la Majesté divine, elle s'enivre des torrents de son amour.

Le lendemain eut lieu l'enterrement. Azella avait été couchée dans un cercueil entouré de fleurs, car si le peuple n'a qu'un drap pour envelopper ses morts, les riches musulmans ont adopté depuis quelque temps déjà l'usage des cercueils. La pauvre Sellouah, entourée de ses filles, dit adieu à son enfant bien-aimée, puis on emporta le corps.

De ton beau ciel, privilégiée de Marie, jette un regard sur celle qui écrit ces lignes en souvenir de toi. Tu la connus autrefois, tu l'aimas, que ton amitié lui obtienne de Dieu les vertus missionnaires et les grâces qui font les saints.

Annales franciscaines des missions, Vanves (Seine).

SAINT AGAPIT

Cet illustre et jeune martyr était né à Préneste, aujourd'hui Palestrine, ville située à quelques lieues de Rome. Il appartient à l'illustre famille des saints Agapit et Grégoire le Grand, papes, et de l'immortel patriarche des moines d'Occident, saint Benoît.

Il reçut, dès sa plus tendre enfance, les notions de la piété chrétienne. Pour lui donner une instruction digne de son rang, ses parents l'envoyèrent étudier à Rome, alors capitale du monde et centre de tous les vices et de toutes les erreurs du paganisme.

Mais le saint jeune homme sut se conserver également éloigné des uns et des autres, grâce à son esprit docile et aux soins intrépides de saint Porphyre, son précepteur.

Un soldat de fortune, Aurélien [1], qui avait conquis tous ses

[1] On vient de découvrir à Cursey (Deux-Sèvres) mai 1889, une urne renfermant plus de quatre mille pièces d'or dont plusieurs à l'effigie d'Aurélien. C'est lui qui rebâtit Dijon et l'antique Génabum qui s'appela de son nom, Aurélia, d'où nous avons fait Orléans.

grades jusqu'à celui d'empereur, était alors assis sur le trône des Césars.

L'orgueil avait pris en lui les proportions de sa fortune ou plutôt celles de la folie.

Il se faisait appeler couramment *Dieu, Seigneur,* et prétendait anéantir les chrétiens comme ses ennemis personnels et comme ennemis des dieux de l'empire.

Des édits de mort furent élaborés avec la dernière barbarie et présentés à la signature de l'empereur. La foudre, comme un avertissement céleste, éclata en ce moment. Mais le tyran ne comprit pas ou ne voulut pas comprendre ce que cela pouvait signifier.

Il publia donc la neuvième persécution générale dont une des premières et des plus pures victimes fut saint Agapit.

La haute naissance d'Agapit, sa vertu, et surtout son zèle à soutenir énergiquement les droits des chrétiens et à blâmer la cruauté de leurs bourreaux, eurent bientôt signalé le jeune Prénestin aux satellites d'Aurélien qui le fit comparaître à son tribunal. La jeunesse de l'accusé, sa beauté, la mélodie de sa voix, la vigueur, le feu et la justesse de ses réponses ne purent adoucir la sévérité de l'empereur. « Obéis à mes édits et renonce à Jésus-Christ, lui dit Aurélien, ou je te fais battre de verges.

« César, je vous remercie, répondit sans pâlir le noble adolescent, de ce que vous me faites subir la même peine qu'a subie mon Seigneur et mon Dieu. »

On fouetta donc Agapit avec des nerfs de bœuf et des lanières armées de balles de plomb, et on écorcha ses membres déli-

cats avec des ongles de fer. Mais ni les fouets ni les menaces
n'ébranlèrent sa foi qui grandissait avec les tortures. Cette
héroïque constance toucha les spectateurs, et la prière que fit
au ciel le jeune Prénestin obtint la conversion de cinq cents
païens qui furent mis à mort sur-le-champ. Les prémices du
sang d'Agapit étaient une semence de chrétiens.

L'interrogatoire avait appris au cruel Aurélien, que sa victime était de Préneste, à quelques milles de Rome, et que sa
famille y occupait un rang très élevé. Afin donc d'arrêter les
progrès de la religion chrétienne dans cette ville et d'en ter-
roriser les habitants par un châtiment exemplaire, Aurélien,
qu'absorbaient alors les préparatifs d'une revanche contre les
Perses, remit le jeune Agapit à son favori, Flavius Antiochianus, naguère consul et préfet de Rome, avec ordre de le
conduire à Préneste, de le contraindre à l'abjuration ou de le
faire mourir. Ce Flavius Antiochianus, nous disent les Actes,
était un chien plein de rage, et rôdait sans cesse autour des
fidèles pour les dévorer. Aurélien avait trouvé un digne ministre de sa haine contre les chrétiens.

C'est dans ce temple, l'orgueil de Préneste, qu'Antiochianus
conduisit tout d'abord Agapit, en le sommant de répandre
l'encens sur le feu, en l'honneur de Jupiter. Un refus éner-
gique fut la réponse du jeune chrétien. — Qu'on le mette au
cachot, crie Antiochianus, et qu'on l'y laisse quatre jours
sans boire ni manger. Peut-être la faim ou la soif viendront à
bout de ce jeune exalté ! — Tandis qu'on l'y conduisit, la
foule, ameutée par les prêtres païens qui se voyaient insultés
dans leurs dieux, et devenue furieuse, poursuit le martyr à

coups de pierres et lui déchire les membres avec des chaînes de fer.

Des apparitions célestes fortifièrent le jeune athlète dans son horrible cachot, et quand au cinquième jour, on l'en tira pour le ramener au Forum de Préneste, malgré le terrible appareil

des instruments de supplices qu'on avait étalés autour du tribunal, Agapit comparut devant Antiochianus tout aussi résolu et tout aussi ferme dans sa foi.

— Obéis sur-le-champ aux ordres de notre dieu et de notre seigneur Aurélien, lui dit le magistrat d'une voix sévère, ou le chevalet va dompter ton insolente obstination.

— Ni vous, ni votre chevalet, vous ne me séparerez de mon amour pour Jésus-Christ, répondit le jeune héros.

On le dépouille à l'instant de ses vêtements, et on l'étend sur l'horrible couche de bois. Les nœuds coulants des cordes toujours prêtes, sont en un clin d'œil passés autour de ses poignets et de ses chevilles et ses bras sont violemment ramenés au-dessus de sa tête. — Une dernière fois avant d'aller plus loin, je t'invite à obéir aux édits de l'empereur, notre dieu et notre seigneur, et de sacrifier aux dieux, si tu veux échapper à de cruels tourments, dit Antiochianus avec colère.

— Je vous répète que ni les tourments ni la mort, répond courageusement la victime liée sur l'autel, ne me sépareront de mon amour pour Jésus-Christ. Je ne puis offrir de sacrifice qu'au seul vrai Dieu, et l'oblation de ce sacrifice que je suis prêt à faire, c'est moi.

Antiochianus fit alors un signe à l'exécuteur qui donna un tour rapide aux deux roues du chevalet, autour des treuils duquel les cordes avaient été passées. Les membres du jeune adolescent furent brusquement tiraillés. Un frémissement qui contracta ses traits, et une pâleur soudaine, témoignèrent pourtant seuls de l'intensité de cette atroce souffrance.

— Ah! ah! s'écria le juge, il paraît que tu sens cela. J'espère que cela va te suffire. Obéis, et à l'instant tu seras libre.

— Ah! combien il est plus doux pour moi d'être étendu comme Jésus-Christ sur la croix.

— Ici bourreau, s'écrie Antiochianus, et verse-lui sur la tête des charbons ardents.

Bientôt les cheveux du jeune martyr crépitent et s'enflamment.

— Je ne m'étonne pas qu'une tête qui doit être couronnée au ciel, soit brûlée sur la terre, dit avec douceur la victime. La couronne de gloire siégera avec grâce sur des plaies et des brûlures endurées pour Jésus-Christ!

— Tu abuses de ma pitié pour toi, s'écrie le juge poussé à bout par tant de constance ; qu'on fouette donc ce jeune entêté. — Et bientôt les verges, à coups redoublés, labourent les membres de l'intrépide adolescent ; son corps n'est plus qu'une plaie ; le Forum est inondé de son sang et la victime tombe sur le sol, ou plutôt sur un linceul empourpré et fumant ; mais sa voix ne cesse de bénir le nom de Jésus-Christ.

— Qu'on allume un brasier dont la fumée l'étouffe, hurle Antiochianus au paroxysme de la fureur. Agapit est immédiatement suspendu par les pieds, la tête au-dessus d'un feu qu'alimente un amas de bois vert.

— Il est bien aisé de voir que ta sagesse est vaine et n'est qu'un peu de fumée, dit ironiquement l'invincible athlète.

— Qu'on fouette donc à mort cet obstiné, vocifère Antiochianus, et qu'on me débarrasse bien vite de cet ennemi juré des dieux ! — Quatre bourreaux aux formes athlétiques, armés de lanières plombées et se succédant tour à tour, achèvent de déchirer, à tour de bras, le corps de l'héroïque adolescent ; ses entrailles sont à jour ; on verse de l'eau bouillante sur ses larges plaies ; et comme Agapit continuait à invoquer le nom de Jésus-Christ, afin de l'obliger au silence, on le frappe sur la bouche et on lui brise les dents et les mâchoires à coups de poings. Cependant le nom de Jésus-Christ ne cesse de retentir.

Obligé de s'avouer vaincu, et toujours ivre de colère, Antiochianus est pris d'un accès de rage, tombe de son tribunal à la renverse et expire en blasphémant le nom du Dieu des chrétiens, tandis qu'un de ses assesseurs, le carniculaire Anastase, qui avait essayé, lui aussi, de vaincre la constance du jeune Prénestin, est touché de la grâce divine et s'écrie que le Dieu d'Agapit est le seul vrai Dieu. Trois jours après, Anastase mourra martyr de sa foi à Salone où un autre empereur, Dioclétien, viendra bientôt cultiver ses laitues.

A ces nouvelles, l'empereur Aurélien qui attribue la mort de son favori Antiochianus à l'art magique des chrétiens et qui veut en arrêter les funestes impressions, accourt, furieux, de Rome à Préneste, se rend au Forum, entouré de toute la pompe impériale, prend place au tribunal et fait comparaître Agapit. — Insolent jeune homme, lui dit le cruel empereur, aie pitié de ta jeunesse et de ta position ; obéis à mes édits, sacrifie aux dieux et conserve ta vie.

— Conserver ma vie, quand j'entrevois déjà les portes du ciel ouvertes pour m'y recevoir ! répond le jeune héros. Il est inutile, César, de me tenter plus longtemps. Ma résolution est inébranlable, je méprise vos fausses divinités et je ne puis aimer et servir que Jésus-Christ, mon unique Seigneur. — Oui, je perds mon temps, je le vois bien, dit l'empereur ; eh bien, qu'on expose Agapit aux bêtes !

Il y avait à Préneste un amphithéâtre que venait de réparer, selon une inscription récemment découverte, Marcus Varenus, affranchi de Clarus, et dans lequel les Prénestins, aux jours de fêtes publiques, s'accordaient le plaisir des combats des bêtes féroces. Cet affreux spectacle a toujours fait les délices d'un Romain.

Les Prénestins que continuaient d'exciter contre Agapit les prêtres de Jupiter et de la Fortune, saluèrent donc cette odieuse sentence d'une exclamation de plaisir et de haine, et accompagnèrent de leurs cris sauvages le noble adolescent jusqu'à l'amphithéâtre; mais à mesure qu'ils avançaient, la fureur s'abattait désarmée et vaincue par l'attitude digne du jeune condamné et la sérénité de son visage. On envahit cependant l'amphithéâtre, on gravit ses rangées ovales et bientôt tout l'intérieur fut tapissé de faces humaines, avides de sang, de furie et de carnage. Aurélien lui-même voulut assister à l'affreux spectacle et réjouir ses yeux de cette fête de la mort. Agapit est au milieu de l'arène. On put voir alors un tout jeune homme, un enfant qui avait à peine atteint sa quinzième année, couvert de glorieuses cicatrices, debout, sans entraves, les mains tendues en avant en forme de croix et priant Dieu dans toute la ferveur d'un cœur fidèle et insensible au danger. Il ne bougea pas, quand deux lions, la gueule entr'ouverte et les narines sanglantes, s'élancèrent de leur cage dans l'arène pour le mettre en pièces.

O prodige! Les deux monstres tournent autour de leur victime, poussent des rugissements terribles, battent leurs flancs de leurs queues impatientées; mais ni l'un ni l'autre n'arrive à le toucher, Agapit paraît entouré d'un cercle magique que ces bêtes n'osent franchir, que dis-je? Peu à peu, les griffes s'abaissent et se contractent par je ne sais quelle puissance mystérieuse et divine ; et les deux lions se couchent aux pieds du jeune martyr, les léchant doucement et lui faisant mille caresses, jusqu'à ce que, sur un signe noble et gracieux de sa main, ils rentrent dans leur loge.

Surpris d'un tel prodige, les Prénestins se lèvent en foule sur les gradins et s'écrient que le vrai Dieu est celui d'Agapit. Aurélien qui déjà avait remarqué avec impatience des symptômes de pitié se manifester dans la foule et qui redoute une conversion en masse, dit à son greffier : Écrivez la sentence. Nous condamnons Agapit, pour mépris aux ordres impériaux, à être puni par le glaive.

— Sur quelle route et quelle borne milliaire le jugement doit-il être exécuté? demanda le bourreau.

— Qu'on l'exécute en dehors et à deux milles de la ville, ajouta l'empereur, aux deux bornes qui marquent la bifurcation des deux chemins.

Quand on fut arrivé à l'endroit marqué pour le supplice, Agapit leva un instant les mains et les yeux vers le ciel, puis s'inclina tranquillement sur l'une des deux bornes. Le bourreau brandit son glaive ; un éclair brilla, et l'instant d'après, la fleur et la tige étaient étendues, séparées, mais à peine déplacées, sur le sol coloré d'une riche pourpre. C'était un mardi, le 18 août 274.

Le culte de saint Agapit devait franchir les Alpes et se répandre dans la Gaule chrétienne. L'église Saint-Jean de Besançon possédait une partie du chef de ce saint martyr et l'ancienne abbaye de Liessies, près Avesnes, trois fragments de ses ossements ; une église bénédictine de Mons en Hainaut avait en vénération sa mémoire ; ajoutons que de nombreux pèlerinages avaient été partout établis en son honneur. Dans l'ancien diocèse de Laon seulement, nous citerons celui de Guise en Thiérache où le souvenir de saint Agapit survit à son autel naguère disparu ; celui de Houry, près Vervins, sur la rive droite de la Brune, et celui de Séchelles, annexe d'Agnicourt, qui remonte à une époque fort reculée. Il est rare, nous dit-on de Séchelles, de ne pas rencontrer, chaque dimanche sur les bords de la Serre, quelques pèlerins qui viennent implorer ici l'intercession du jeune martyr de Préneste. C'est principalement pour les petits enfants qu'on l'invoque, afin que ceux-ci soient préservés des maux d'entrailles si communs et si funestes à cet âge.

(*Extrait en partie du* « Pèlerin ».)

Le Marquis de SAINT-LAMBERT

ET LE BERGER

—❦✳❦—

L'orage de la révolution grondait sur notre douce France. La justice de Dieu passait sur des têtes coupables sans doute, mais à côté, il semblait que le nombre des victimes des expiations nationales fût bien plus grand que celui des prévaricateurs.

Tout ce qui avait un nom dans le nobiliaire national ; tout ce qui rappelait un grand souvenir, ou une vertu éclatante, en un mot tout ce qui touchait à la religion de loin ou de près avait le privilège d'exaspérer les théoriciens nouveaux. Ces hommes sortis des clubs voltairiens, ajoutaient à une exaltation inouïe, une perversité, une scélératesse au delà de laquelle on ne peut rien imaginer. Aucune contrée, aucune ville, aucune habitation ne mettait en sûreté ceux qui voulaient rester hommes et répudiaient les doctrines maçonniques.

La lanterne jacobine sondait la profondeur des caves et des

souterrains fangeux. Les sicaires de Robespierre exploraient les bois et les montagnes, tandis que des traîtres gagés (fallait-il rencontrer ici cette odieuse race) livraient quelquefois le secret des plus impénétrables retraites.

La crainte de la guillotine ou le désir de conserver les siens rendaient alors ingénieux. J'ai vu, soixante ans après, des caches vraiment introuvables. La salle était pleine de *bleus* qui festoyaient et s'égayaient aux dépens des propriétaires qu'on croyait de l'autre côté de la frontière, tandis que, debout dans un espace pratiqué dans l'épaisseur du mur et parallèlement au conduit de la cheminée de la pièce, ils entendaient tout ce qu'on disait.

Toutefois, il ne restait souvent aux pauvres proscrits que la perspective de la mort ou de la fuite sur la terre étrangère.

Un jour le marquis de Saint-Lambert fut surpris non loin de son château[1]. Il s'enfonça immédiatement dans les taillis du bois voisin et fut assez heureux pour se mettre hors de vue de l'escadron de bleus qui venaient le prendre.

Mais le bois était de peu d'étendue, et les gendarmes en gardaient toutes les issues, pendant que des paysans menacés de mort ou vendus le sillonnaient en tous sens.

Se voyant ainsi traqué, le pauvre proscrit sortit de sa cachette et glissa en courant à *quatre pattes* dans une ravine qui coupait en deux le terrain voisin, et vint déboucher un peu plus bas où il aperçut un petit berger.

---

[1] Ce château s'élève entre les bois qui couronnent les monts vauclusiens, à l'est du mont Ventoux.

C'était un brave enfant ancien employé du château et que le marquis lui-même avait instruit des mystères de la religion et initié aux vertus chrétiennes.

Le noble proscrit ne pensait pas, sans doute, qu'il serait le premier à bénéficier de ses instructions après son protégé.

— Auguste, dit-il au berger, sauve-moi ! je suis poursuivi.

N'as-tu pas quelque cachette pour me recevoir ?... Ciel ! j'aperçois trois bleus qui semblent venir de ce côté, et je n'en puis plus !...

Une subite inspiration prit alors le petit berger. Et faisant signe de la main : Montez sur cet arbre, dit-il au marquis, et couchez-vous dans le lit. Je vais vous couvrir de paille.

(Dans le midi de la France, certains bouviers et bergers aiment à se coucher sur les arbres pour éviter la trop grande chaleur des appartements. Ces lits singuliers, comme des nids immenses, sont fixés entre les branches de l'arbre. Des parois en planche ou à claire-voie en retiennent la paille et empêchent les dormeurs de rouler à terre.)

Le marquis obtempéra à cette injonction du pastoureau ; et une fois recouvert de paille il entendit le jeune berger le prier de l'excuser, qu'il allait lui-même se coucher sur lui pour imprimer la forme humaine à la paille et témoigner ainsi qu'elle n'avait pas été remuée depuis son sommeil. Il appela, en outre, son chien, le fidèle Cadoche, à qui il enjoignit de se coucher dans le lit.

Il revint ensuite jouer du chalumeau à la tête de ses brebis. Bientôt il vit surgir trois hommes sinistres, aux instincts cupides, soldats improvisés ou plutôt misérables transfuges qui n'avaient pas encore tout l'équipement militaire. Une fois arrivés sur la crête, ils interrogèrent l'horizon comme des tigres qui cherchent leur proie.

Ne voyant que le petit berger, ils vinrent droit à lui. L'un d'eux, saccadant sa voix renflée et s'accompagnant de gestes menaçants, dit au pastoureau : Tu as vu passer un homme dans ce vallon ; tu vas nous dire où il est, ce qu'il t'a dit : parle, dis d'abord où il est passé. Et comme pour ôter à l'enfant toute idée de dissimuler sa pensée il dégaina son sabre et le fit scintiller en se rapprochant de son petit interlocuteur.

— L'homme dont vous parlez, répondit l'enfant, a continué sa route de ce côté. Il montrait la direction de l'arbre.

— Tu mens !

— Je n'ai jamais menti et vous dis la vérité. Je m'étonne de vous voir si courroucé : Je ne vous ai rien fait...

— Que t'a dit cet homme ?

— Il m'a demandé de le cacher.

— Ha ! ha ! exclamèrent à la fois tous ces sinistres bleus. Et que lui as-tu répondu ?

— Je lui ai dit d'aller se coucher dans ce lit et il y est monté.

A ces mots deux bleus se précipitent et brisent la faible échelle qui donnait accès au lit, tant ils avaient hâte de découvrir le fugitif. D'un tour de main ils font voler quelques lambeaux de couverture et de drap et se rencontrent nez à nez avec Cadoche qui troublé dans sa quiétude montre ses dents rageuses.

Hors d'eux-mêmes, et se croyant mystifiés, les bleus sautent en bas de l'arbre après avoir lancé le chien en l'air, et l'un d'eux crie aux autres en désignant le petit pâtre : Je vous l'avais bien dit, nous avons à faire à un franc menteur, c'est quelque fils de *blanc* renforcé. Qu'on lui chauffe les oreilles, dit le chef de la bande.

Et aussitôt une pluie de taloches s'abat sur le pauvre pâtre.

Puis ces hommes s'éloignent en lui promettant de leurs nouvelles à brève échéance.

— C'est ce que je ne souhaite pas du tout, reprit le narquois pastoureau : si tous les passants étaient si généreux que vous, mes oreilles tomberaient avant le dégel.

Les gendarmes s'éloignèrent en interrogeant les taillis sur leur route et en sondant les moindres excavations des fondrières.

De son côté, Auguste caressait Cadoche et lui disait : Tu as bien joué ton rôle : tiens, voilà ce reste de coenne.

Cependant le marquis remerciait son ange protecteur et surtout saint Michel archange, patron de la chapelle du château, et dont l'image [1], resplendit au-dessus du maître-autel.

Plus tard, quand le marquis fut pris, il ne craignit pas d'aller l'embrasser au milieu des soldats de la République.

[1] C'est une copie (si mes souvenirs de trente ans me servent bien) du célèbre tableau que Raphaël peignit pour François Ier et qui se trouve aujourd'hui au Salon-Carré du Louvre.

SAINTE GERMAINE

—◦⊙⋇⊙◦—

Près de la belle petite ville de Bar-sur-Aube, s'élève une colline, aujourd'hui déserte et solitaire, mais jadis couronnée par une bourgade nommée Florentia.

Là vivait, au vᵉ siècle de notre ère, une jeune et sainte chrétienne appelée Germaine. Les traits de son visage étaient d'une beauté ravissante, mais l'innocence et la vertu rendaient son âme encore plus belle aux yeux du Seigneur et de ses anges. La douce enfant avait eu le malheur de perdre sa mère avant d'être en âge de la connaître ; mais, à défaut des caresses maternelles, elle avait trouvé pour son cœur de merveilleux épanchements dans l'amour de Jésus-Christ.

Elle vivait seule avec son vieux père, dont elle était le charme et la joie. Elle ne sortait guère que pour aller à l'église, y prier et y apporter le concours de son dévouement ; ou encore pour visiter, dans les environs, sa cousine Honorée, vierge comme elle, et vouée, avec une égale piété, à la pratique des vertus chrétiennes.

Chaque matin, Germaine descendait à la fontaine du bourg et en rapportait une onde pure pour le service des autels.

La construction d'une basilique à saint Étienne, au sommet du bourg de Gérontia, vint lui offrir une nouvelle occasion de dévouement. Elle s'efforça, autant qu'elle le pouvait, de fournir aux travailleurs l'eau dont ils avaient besoin.

Un jour, quelques-uns de ces hommes, pour qui *la simplicité du juste est un objet de dérision,* se moquèrent du zèle humble et dévoué de cette jeune vierge, dont le courage condamnait leur paresse. Hardis contre la vertu et la piété, parce qu'ils la trouvaient sans défense, ils se firent un malin plaisir de briser entre ses mains le vase fragile qui lui servait à transporter l'eau de la fontaine au sommet de la colline. Puis, riant de sa tristesse et de leur exploit, il lui jetèrent un vieux crible, en lui disant avec moquerie de continuer son service avec un si bel instrument. Germaine, sans proférer une parole, ramasse le crible, et, confiante en la toute-puissance du Créateur, redescend à la fontaine, le remplit d'eau et le porte aux ouvriers, sans qu'il s'en échappe une seule goutte. — En souvenir de ce prodige, les anciens peintres avaient coutume de représenter, aux pieds de la Sainte, une urne et un crible.

Mais l'heure des rires ne dura pas toujours pour ses ennemis, et nous ne savons ce qu'ils devinrent dans la grande calamité qui fondit peu après sur notre patrie. Le farouche Attila, ce grand ravageur de l'Europe, franchit le Rhin avec ses hordes innombrables de barbares, qui se répandirent dans la Champagne comme une inondation de fer et de feu.

Un matin, Germaine, suivant sa coutume, descendait puiser de l'eau à la fontaine, quand elle fut surprise et arrêtée par une bande de cavaliers barbares qui la conduisirent à leur chef.

Germaine frémit d'horreur en présence du barbare. Ni promesses, ni menaces ne peuvent l'ébranler. A la fin, le chef Hun, vaincu par le dépit et la colère, commande aux soldats de l'éloigner de sa présence et de lui trancher la tête.

A l'instant, les barbares entraînent Germaine, et l'un d'eux, levant son glaive, fait rouler sa tête sur le sol rougi d'un flot de sang.

L'âme de la vierge, blanche colombe échappée aux serres des vautours, va porter au ciel la double couronne de la virginité et du martyre. Les Huns abandonnèrent au même lieu le corps de leur victime ; les habitants descendirent, et après l'avoir recueilli avec mille témoignages de douleur et de respect, ils l'ensevelirent dans l'église de Saint-Étienne.

Un oratoire s'élève aujourd'hui en cet endroit ; plus bas, une croix de fer, et sur sa base de pierre, une inscription, marquent le lieu sanctifié par le martyre de Germaine. La Révolution, fertile en nouveaux barbares, a profané les restes de la victime des Huns, mais quelques ossements, échappés à sa fureur sont encore conservés dans les églises de Bar-sur-Aube. *(Le Pèlerin.)*

MOZART.

MOZART [1]

Jean-Chrysostome Wolfgang (Théophile Mozart) naquit le 27 janvier 1756 à Salzbourg [2].

Il eut plusieurs frères et plusieurs sœurs qui moururent tous, excepté une sœur qui donna d'abord de très grandes espérances, mais qui ne se réalisèrent pas dans la suite.

Doué d'une merveilleuse organisation musicale, le jeune Théophile s'exerce, à trois ans, à trouver des tierces sur le clavecin. Et lorsqu'il les a trouvées, il éclate en démonstrations d'allégresse.

Son père guide en tremblant d'émotion ce talent si en dehors des données ordinaires. A quatre ans, Théophile joue des morceaux appris dans une demi-heure ! Il compose des menuets que son père écrit sous sa dictée !

[1] Ce furent les Italiens qui le nommèrent Mozart, ne pouvant s'astreindre à prononcer le nom de Wolfgang.

[2] Son père, Léopold Mozart, était violon et second maître de chapelle au palais du prince-évêque de Salzbourg. Il entreprit plusieurs longs voyages avec ses deux enfants à travers l'Europe. Il passa plusieurs années en Italie. Il fut pauvre, malmené du sort et se jeta à corps perdu dans les bras de la religion, sa seule consolation, avec ses enfants.

De quatre à six ans, il compose vingt-deux morceaux qui étonnent encore aujourd'hui. En 1762 son père le mène à Munich avec sa sœur. Théophile joue un concerto devant l'Électeur au grand étonnement de la cour.

En automne de la même année, il joue devant l'empereur Joseph II, à Vienne. Faites venir, je vous prie, dit l'enfant, le maître de chapelle Wagenseil. — Monsieur, lui dit-il, je joue un de vos concertos, je vous demanderais de vouloir bien me tourner les feuillets.

Cette assurance en lui-même, fut toujours le signe distinctif du talent de Mozart.

A cette époque son père lui achète un petit violon, car Théophile aimait beaucoup les sons veloutés de cet instrument.

Revenu à Salzbourg, il se livre au travail avec une infatigable ardeur. La musique et la prière partagent son temps. Son père lui montre sans cesse le ciel d'où descend tout don parfait. Et l'enfant semble écouter les concerts des anges pour moduler ses symphonies. Aussi, ses accents sont suaves mais non efféminés; ils sont parfois tendres, car l'enfant avait une nature des plus aimantes, mais ils ne deviennent pas voluptueux.

Un jour Venzel, violon de la cour, vient consulter le père de Mozart sur un trio qu'il venait de composer. Pour juger de l'effet, les artistes se disposent à le jouer sur-le-champ. Le petit Théophile les observe et vient se placer en se glissant sous le violon de Schachtner pour doubler, disait-il, la seconde partie. On le repousse d'abord, mais il insiste telle-

ment qu'on le laisse tranquille. Les artistes commencent ;
l'enfant enlève sa partie et étonne si fort Schachtner que
celui-ci laisse tomber son archet, vaincu par l'admiration.
Théophile le remplace et va jusqu'au bout du morceau sans
se tromper. Il n'avait cependant jamais reçu de leçons.

A huit ans il joue à Munich sur le piano et sur le violon des
morceaux écrits ; il improvise sur des thèmes qu'on lui donne
et reçoit le nom d'enfant-prodige. Augsbourg, Mayence,
Cologne, Aix-la-Chapelle, Bruxelles, etc., l'entendent et l'acclament tour à tour. Il vint à Paris en 1763 où il fut protégé
par le baron Grimm, le duc de Chartres, le comte de
Tesse, etc.

Il va à Versailles où les princesses l'embrassent dans leur
enthousiasme et leur innocence. Quant aux grands de la cour
et aux bourgeois, déjà grisés par des théories philosophiques,
ils entendirent Mozart, l'enfant-prodige; ils le virent avec son
père et sa sœur aux pieds des autels antiques, et ils passèrent
sans plus le regarder, sans daigner lui jeter une obole comme
on fait au harpiste napolitain.

Mozart père, découragé, écrit à sa femme :

« Si toutes les caresses pouvaient se transformer en bons
louis d'or, nous n'aurions pas à nous plaindre.

« Le malheur est que ni les aubergistes, ni les traiteurs ne
veulent être payés en baisers.

« Espérons, toutefois, que tout ira bien ; et pour ne rien né-
gliger à cette fin, ayez soin de faire dire une messe chaque
jour pendant une semaine. »

Mozart resta deux mois à Paris et y composa deux re-

cueils de sonates pour clavecin avec accompagnement de violon. Théophile avait à peine huit ans ! [1]

En 1764 il s'embarque à Calais pour Londres où il joue
les orgues devant le roi. Ses symphonies ravissent le public;
et les contemporains n'en parlent qu'avec le plus grand enthousiasme et disent que son habileté était fabuleuse.

L'année suivante, il vient à Calais, Lille, Douai, Arras et
dans plusieurs autres villes de la Flandre-Française et de
l'Artois ; puis il vient à Anvers par Courtrai et Gand. Il touchait dans toutes les villes, les orgues des cathédrales. Et
malgré la petitesse de ses doigts et la difficulté radicale de
cette circonstance, il faisait l'étonnement des plus célèbres or-
ganistes.

En Hollande, il joue devant la princesse d'Orange. Mais
bientôt les fièvres l'assaillent, il est conduit, en quelques
jours, aux portes du tombeau.

Son père écrit sans cesse à son épouse de faire dire des
messes et des prières pour intéresser le Ciel entier à sa cause.
Sa fille et lui-même lèvent sans cesse les mains vers Celui
qui est toute leur espérance. Tant de prières sont exaucées ;
et par une espèce de miracle, Théophile revient à la santé.

Le cœur plein de reconnaissance, le père et le fils promettent de ne vivre que pour Celui qui est le maître de la vie et
de la mort. Soyons reconnaissants à notre tour ; car si Mozart
était mort alors, nous n'aurions pas entendu ses célestes symphonies.

[1] Fétis « Biographies des musiciens célèbres. » art. Mozart.

En 1766 il vient à Lyon, à Bâle et arrive à Salzbourg. Il étudie alors Haendel, Em. Bach, et les maîtres italiens.

En 1768 il part pour Vienne. Il est produit devant Joseph II, qui lui demande l'Opéra de « La Finta Semplice » et une messe à quatre voix avec accompagnement d'orchestre. Il compose plusieurs autres morceaux qui font sa réputation européenne.

L'année suivante il va en Italie par Inspruch. Là, pour le mettre à l'épreuve, on lui donne un concerto difficile qu'il joue à première vue.

Il visite, la même année, Vérone, Mantoue, Milan et Rome, où les cardinaux le choient comme leur enfant. Son père écrit son bonheur à sa femme, et semble prêt à chanter son *Nunc dimittis*. Théophile écrit de mémoire et après deux auditions le fameux *Miserere* d'Allegri dont il était défendu de faire des copies. Les poètes le chantent, les peintres le multiplient. On frappe des médailles en son honneur. A Naples, il soulève le même enthousiasme.

Hasse, surnommé le *divin Saxon,* dit de lui : Cet enfant nous fera tous oublier. L'Italie entière crie : *Evviva il maestrino !*

Pour reconnaître tant de protection et tant d'honneur, son père redouble de piété et incline le cœur de son enfant vers le sien et vers les pauvres moins favorisés.

Théophile aurait pu mourir alors et laisser une œuvre immortelle. Il avait déjà composé outre les pièces indiquées : trois opéras italiens, un oratorio, deux messes solennelles, un *Stabat,* une *Passion,* des offertoires, des hymnes, et des motets ; deux cantates avec orchestre, treize symphonies, vingt-quatre sonates, des marches, des morceaux pour violon, pour flûte, etc., etc.

Son père demande un jour à Haydn ce qu'il pensait de son fils.

Sur mon honneur et devant Dieu, lui dit celui-ci, je vous déclare que votre fils est le premier compositeur du monde.

Il est probable que notre héros restera toujours ce qu'il fut du temps d'Haydn.

Voyez, mes meilleurs amis, ce que peut le travail et la piété !

Il semble que la curiosité eût dû absorber tous les instants de cette vie passée tout entière en voiture ou dans les cours des grands. Il n'en est rien cependant. Théophile a compris son rôle militant et il travaille à cultiver, jour et nuit, l'admirable talent que Dieu lui a donné.

Il était aussi, comme beaucoup d'entre vous, bon mathématicien. Il parlait couramment l'allemand, l'italien, l'anglais, le français et le latin.

Son naturel était excessivement impressionnable, et son âme pleine de tendresse ; il était très sensible aux marques d'affection qu'on lui donnait. Nous n'avons pas toujours de l'argent à donner ; mais nous avons toujours à notre disposition les bons conseils, les bons sourires, les bons procédés.

Mozart prodiguait tout ce qu'il avait et sans jamais calculer. Peut-être, dans cette voie, nous avons besoin de plus de circonspection à cause de la multitude des faux-semblants qui sont autour de nous. Tout ce qui était beau transportait le pieux enfant ; et au milieu d'un paysage qu'il traversait, il disait souvent à son père : Arrêtons-nous ici. Il ne pouvait soutenir de près, sans s'évanouir, la musique des cuivres ; il fuyait en entendant celle qui était médiocre. Apprenons aussi de lui à perfectionner nos œuvres, afin que ni les hommes, ni le bon Dieu surtout, n'y trouvent rien à reprendre.

PASCAL.

PASCAL

Blaise Pascal naquit à Clermont (Auvergne) le 19 juin 1623. L'intelligence et la vertu semblaient héréditaires dans sa famille; et son père, homme supérieur, voulut diriger lui-même l'éducation de son fils.

Le jeune enfant montra de si surprenantes dispositions et un penchant si fort pour les sciences exactes, que son père crut qu'il était de son devoir de lui soustraire tout ouvrage de mathématiques.

Le pieux enfant, qui avait l'âme encore plus belle que son intelligence, ne murmura pas contre la décision paternelle; ne pouvant pas étudier, il se mit à créer, à inventer! Enfermé dans un salon aux heures des récréations, il traçait des figures sur le parquet.

Figurez-vous, mes chers amis, devant un livre *en blanc*. Vous n'avez jamais vu la moindre démonstration géométrique, tout comme les enfants de l'asile ou de huitième. Un professeur vous dit : Mes amis, trouvez les figures géométriques et faites les démonstrations qui s'y rapportent, jusqu'au trente-deuxième théorème d'Euclide. N'est-il pas vrai que vous tomberiez des nues?

Eh bien ! sans livre et avec un simple bâtonnet de craie ou de charbon, Pascal en était arrivé là, lorsqu'on s'aperçut de cette merveille. L'étonnant enfant avait à peine douze ans ! Ayant remarqué que certains corps, frappés l'un contre l'autre, produisaient un son qui cessait lorsqu'on les touchait, il fit sur ces phénomènes un traité qu'un savant n'aurait pas désavoué.

Son père l'ayant surpris plusieurs fois, lui demanda sur quels principes il fondait ses solutions, l'enfant remonta chaque fois à son point de départ et son père reconnut que ses théories étaient bien les équations de ses pensées.

Son père resta si épouvanté de tant de pénétration, écrivait sa fille, Mme Perrier, qu'il courut en faire part, les larmes aux yeux, à l'un de ses amis.

Dès ce moment, le jeune Pascal ne fut plus contrarié. Il se livra alors au travail avec une sorte de frénésie. Sa jeunesse fut chaste comme une fleur qui se hâte de paraître avant le soir. Sa vie était trop bien remplie pour qu'il y eût place pour le vice. Et il trouva dans son génie purifié ces éclairs qui, plus tard dans ses « Pensées », nous feront voir jusque dans les profondeurs de l'éternité.

A seize ans, il étonnait, à Paris, les savants eux-mêmes et composait son traité des « Sections coniques » et sa « Machine Arithmétique. » Cet admirable enfant était grand en tout. Il aimait Dieu comme un ange ; il vivait avec l'austérité d'un anachorète et passait sans interruption ni trève du travail à la prière et de la prière au travail. Dieu ne lui ménagea pas les croix. Il souffrit dès sa jeunesse et la maladie le poursuivit durant toute sa vie sans l'empêcher de travailler. Quel exemple pour les élèves sans piété, sans courage, sans vertu !

Le B. GRIGNON de MONTFORT

FONDATEUR DES FILLES DE LA SAGESSE

⤙ ⬩✠⬩ ⤚

Louis-Marie Grignon de la Bachelerie ou de Montfort, du nom de son village, naquit le 31 janvier 1673.

Ses parents quoique nobles étaient peu riches des biens de la terre; mais leur foi leur créait une richesse bien autrement précieuse que celle qui séduit les âmes à petite envergure.

Dès sa première enfance il montra un extrême éloignement pour tout ce qui était péché ou pouvait y conduire.

Ses vertueux parents secondèrent de si merveilleux commencements, et sa mère, pour ne pas l'amollir, évitait même de le caresser quoiqu'il fût de la plus attrayante amabilité.

— Bonne maman, lui disait quelquefois le pieux enfant, je t'aime beaucoup! mais j'aime encore plus Jésus et ma Mère du ciel.

— Tu as bien raison, mon cher enfant, aime le bon Dieu et Marie sans mesure : je n'en serai point jalouse; mais, prends garde, il est facile de dire des lèvres : Mon Dieu, je veux bien vous aimer.

— Que veux-tu me dire, maman ?

— Qu'il est impossible d'aimer Dieu sans faire en même temps ce qui lui plaît.

— Et qu'est-ce qui plaît le plus au bon Dieu ?

— C'est que tu deviennes un saint et que tu fasses bien ce qui plaît à tes parents.

— Peut-être que tu ne me trouves pas assez docile, assez…?

— Je ne dis pas cela…

— Que je suis méchant dans certaines circonstances ?

— Non.

— Alors que je suis un saint à l'envers des saints véritables ?

— Encore une fois, mon doux fils, j'ai voulu t'apprendre qu'il faut aimer le bon Dieu en le servant et en peinant.

Et le cher enfant, les mains sur son cœur et les yeux sur sa pieuse mère, lui disait : Je te comprends, maman ; et ton exemple m'a déjà appris ta doctrine. Je te vois toujours travailler, toujours te priver, toujours prier. Ah ! c'est que toi, du moins, tu aimes toujours.

Se rappelant les conseils et les exemples de sa mère, le jeune Louis ne s'accordait aucune friandise. Ce n'est pas que sa mère lui en donnât souvent ; mais, à l'occasion, c'est-à-dire toujours, il savait faire passer à ses frères ou à des enfants pauvres les douceurs qui tombaient dans sa main.

Les jouets qui lui étaient destinés furent par lui relégués au galetas ; mais il conservait et regardait souvent les images qui lui rappelaient le sentiment de la beauté.

Sa sensibilité ne pouvait voir le malheur d'autrui sans y

compatir, sans le soulager. Tout son petit avoir passait aux pauvres. Sans cesse il demandait à sa mère de quoi donner, en lui répétant qu'il n'avait encore rien donné que de son superflu ; que, peut-être, les pauvres parlaient entre eux de son avarice, que les anges en pleuraient.

La délicatesse de sa conscience était si grande qu'il faisait à sa mère mille questions pour savoir si telle démarche, telle parole n'était pas un péché.

Il demandait les moindres permissions et ne se fiait pas aisément à son appréciation.

Il aurait voulu voir autour de lui tous les enfants de la Bretagne pour les instruire, et c'est ce zèle embrasé qui lui fit fonder plus tard un institut de pieuses institutrices de l'enfance.

On disait à sa mère que son aîné n'était pas fils d'Adam.

On allait à l'église pour le voir prier ; et il lassait même la piété de sa mère.

— Que dis-tu donc au bon Dieu pendant de si longs entretiens, lui disait-on un jour ?

— Je lui dis tout ce que je sais ; et quand je suis devant Lui, il me semble que je lui parlerais une éternité.

— Mais au moins, tu ne devrais pas rester si longtemps à genoux.

— Il me semble que le démon a peur d'un enfant en cette posture, comme la bête féroce, du chasseur qui la couche en joue.

— Tu aimes bien la sainte Vierge, si on en juge par ton empressement à ses autels.

— Je respire de si doux parfums aux pieds de ma Mère ; ses yeux rayonnent sur moi une sympathie si douce, que je ne puis la quitter.

Plus tard, le bienheureux redira partout et dans tous ses sermons les gloires et l'amour de Marie.

Il confiait à sa bonne Mère, comme il l'appelait, toutes ses petites et grandes affaires. Je l'ai priée, disait-il, maintenant arrive que pourra.

On remarquait, en effet, que ses projets réussissaient, nonobstant les apparences contraires, et au grand étonnement de ceux qui n'avaient pas sa dévotion.

Essayez, mes bons amis, soyez *le fou* de la Vierge Marie,

Le général de Charette.

comme le disait, de lui-même, après la guerre de 1870, l'intrépide général de Charette[1].

[1] Dans une conférence à Nîmes, l'illustre général des zouaves donnait ainsi la raison de sa préservation miraculeuse sous les projectiles ennemis.

Cet amour qui ravissait le B. de Montfort pour Marie, il le donnait aux enfants.

— Allons ! disait-il à ses frères, assez joué, assez babillé ; mettons-nous à genoux. Ne voyez-vous pas que Marie nous attend pour nous bénir et nous faire une caresse ?

Il était toujours prêt à aider les autres enfants à apprendre leur catéchisme, et ne sachant pas encore faire un sermon, il faisait des lectures de piété, coupées par des réflexions dont les anges seuls et quelquefois sa mère, qui l'écoutait en se cachant, pouvaient mesurer la portée philosophique et théologique.

Lorsque l'harmonie se troublait parmi les enfants, il tâchait de les raccommoder tous, se privant, au besoin, de tout jeu, de toute distraction pour être agréable aux uns et aux autres.

Il avait une sœur appelée Louise qu'il aimait d'une tendresse particulière parce qu'elle était plus pieuse que ses autres sœurs. Ils priaient ensemble, et s'entretenaient de Dieu sans ennui, ce qui est assez rare chez des enfants.

Si Louise finissait par se lasser, son frère lui donnait une image, une médaille, une caresse.

A quatre ou cinq ans, il découvrait les chagrins de sa mère, et s'avançait pour la consoler.

En sorte que celle-ci était toute surprise, et reconnaissait la voix de Dieu dans la bouche du petit enfant.

Comme sa mère le lui avait souvent recommandé, il faisait sa piété pratique et rendait à ses parents tous les services que lui permettait sa situation.

Son père était violent et frisait quelquefois l'injustice à force d'être juste avec la faiblesse humaine. Le pieux enfant n'en prit jamais sujet de murmurer, de critiquer.

Ce respect qu'il voua à ses parents, il l'étendit jusqu'aux maîtres qui les suppléaient, et ceux-ci n'eurent jamais à le reprendre.

La moindre faute était grande à ses yeux, et sa conscience devint plus délicate en devenant plus éclairée. (Hélas ! mes bons amis, ce n'est pas toujours ce qui arrive. Sous prétexte qu'on est plus éclairé, on est moins fervent, moins timoré.)

A douze ans, il fut envoyé à Rennes, au collège des Jésuites. Son intelligence transcendante, sa conduite angélique et son labeur continuel, lui valurent les plus grands succès et les premiers prix de sa classe.

Il devint bientôt membre de la Congrégation de Marie. Peu de temps après, il obtint la permission d'aller soigner les malades dans les hôpitaux, leur faire quelques bonnes lectures ou leur enseigner le catéchisme.

Ne vous étonnez pas, mes amis, de ces *délassements* que se procuraient les saints. Ne vous a-t-on pas répété qu'il n'y a que les œuvres de charité qui compteront devant Dieu ?

On refuse aux guichets des gares et ailleurs, des pièces de monnaie qui n'ont pas le titre légal. Ainsi en sera-t-il de toute œuvre qui ne sera pas faite par amour de Dieu et dans l'amour de Dieu.

Quand le dimanche ou le jeudi, il lui restait quelque loisir, il se mettait à dessiner. S'il rencontrait une image pieuse et bien faite, il la copiait avec bonheur et fidélité. Un membre du parlement de Rennes lui offrit un jour un louis d'une de ces copies. Et cet argent permit au jeune artiste de prendre des leçons. Il montra des dispositions brillantes ; mais ses études l'emportèrent sur ses goûts : il cessa d'être peintre pour rester étudiant.

Sur ces entrefaites, son père vint habiter Rennes afin d'être plus près du collège et de mieux surveiller l'éducation de ses enfants. Notre bienheureux se constitua alors précepteur de ses autres frères. Il les forma avec cette patiente vertu qu'il devait plus tard communiquer aux filles de la Sagesse dont l'Église et la société recueilleront toujours le dévouement et les bienfaits.

LA VÉNÉRABLE BENOITE

DU LAUS, C'EST-A-DIRE DU LAC

Vous avez peut-être lu, mes bien chers amis, l'abrégé que j'ai donné de l'histoire de cette enfant des montagnes. Elle est bien Française, celle-là, et, à ce titre, elle a ce semble plus de droits à notre sympathie et à notre imitation.

La pieuse enfant vint au monde en 1647 dans un village des Basses-Alpes, non loin de Gap.

Elle perdit de bonne heure son père et resta d'abord avec sa mère veuve.

Mais une extrême pauvreté et la disette qui affligea la contrée, à cette époque, obligea sa mère à la mettre en condition chez un fermier. Ainsi la pauvre enfant ne put apprendre ni à lire ni à écrire, ni toutes les belles choses qu'on enseigne maintenant dans toutes les écoles et aux plus petits.

Mais gardons-nous de la plaindre : la science de Dieu dont elle reçut la plénitude, remplaça tout le reste et combla son âme.

La bergère de Lourdes n'en savait guère davantage que celle du Laus. Et pourtant, quelle surprenante prédilection de Marie pour ces deux enfants ! quelle délicatesse maternelle de procédés ! Écoutez. Benoîte n'avait encore que quatre ans.

Un jour elle s'amusait, près d'une fontaine, à pétrir de la terre, en compagnie de quelques autres enfants de sa condition. Sans nul souci de la propreté, comme on l'est à cet âge, ces petites filles s'inquiétaient peu si la boue qu'elles manipulaient souillait ou non leurs vêtements et même leur figure. En ce moment, une Dame étrangère, au visage doux, au maintien noble, apparaît sur le chemin et s'approche du groupe enfantin. Attirant à elle la petite Benoîte, elle prend de l'eau à la fontaine avec sa blanche main, en baigne le visage de l'enfant, purifie ses lèvres des souillures de la vase ; puis, donnant à toutes un petit soufflet amical, elle disparaît en leur disant : « Soyez bien sages, mes pouponnes. » C'était le mercredi des Cendres.

Cette même Dame continue, de temps en temps, d'apparaître à Benoîte et de lui donner des preuves d'une protection toute spéciale. Benoîte avait atteint sa onzième année ; elle fut envoyée par sa mère au moulin de Remollon, sur la Durance, avec un âne chargé de quatre boisseaux de blé. Sa plus jeune sœur l'accompagnait. Les enfants de la veuve s'en revenaient du moulin, grelottant de froid, par un mois de janvier, et pressées par la nuit tombante, lorsque l'âne s'abattit sur la glace, avec son fardeau. Que faire ? Où chercher du secours ? Qui relèvera la bête ? Personne ne se montre sur la route. Mais Dieu, qui a privé les enfants de leur père, ne peut les abandonner. La Dame inconnue se présente, relève le pauvre animal. Comme il fait nuit et qu'il reste encore trop de chemin pour arriver à Saint-Étienne, elle dit aux deux jeunes filles de s'en aller à Remollon pour attendre le lendemain, et leur indique un homme charitable qui voudra bien les héberger. Les voilà parties, le cœur plein de reconnaissance, et l'âne va de lui-même s'arrêter à la porte de l'hôte indiqué. Le brave homme se lève, les accueille dans sa maison et leur donne un peu de soupe. N'ayant pas de lit à leur offrir, il en trouve un chez le fermier du seigneur de Venterol, et y conduit les deux petites filles.

L'année suivante la disette devint extrême et la pauvre veuve du Laus dut se résigner à mettre sa fille en condition pour ne pas la voir mourir de faim.

Obéissante et résignée, Benoîte franchit sans murmure le seuil paternel, demandant, pour toute faveur, à sa mère de vouloir bien lui acheter un chapelet. La pauvre enfant espérait, à bon droit, trouver dans la prière de quoi se consoler au milieu de ses peines, et la force de supporter, sans faiblir, cette nouvelle épreuve. Comme bien on le pense, la mère n'eut garde de refuser à sa fille ce pieux talisman.

Louis Astier fut le premier maître de Benoîte : il apprécia les qualités de la jeune Bergère, et volontiers il aurait consenti à lui confier pour longtemps la garde de son troupeau ; mais la mort le frappa avant la fin de la première année. Sa femme désolée, chargée d'une nombreuse famille et pressée par la famine qui devenait de plus en plus cruelle, fut obligée de n'accepter les services de Benoîte que pour la moitié du temps. La Bergère se mit, pour le reste, à la disposition d'un deuxième maître, Rolland. Elle passait alternativement une semaine chez chacun d'eux, recevant ainsi tantôt de l'un, tantôt de l'autre, le morceau de pain de chaque jour.

Il y avait entre les deux maîtres de la jeune Bergère des différences fort sensibles. Rolland, sans être riche, était plus à l'aise que la veuve Astier. Il pouvait donner à la Bergère un pain plus abondant et il le faisait. La veuve qui avait six enfants et peu de ressources, avait de la peine, nous disent les manuscrits, à avoir du pain pour toute sa famille. Cependant elle aimait mieux souffrir la faim et voir ses enfants en souffrir aussi plutôt que de laisser Benoîte manquer de rien. Cette pauvre veuve donnait toujours à la Bergère le peu de pain qu'elle avait, de peur qu'elle ne mourût de faim à la campagne en gardant ses moutons. Benoîte, au cœur tendre, ne se laissera pas vaincre en générosité : après l'avoir reçu, sans mot dire, elle distribuait secrètement ce pain aux enfants de sa maîtresse. Ils étaient six ; elle donnait tout. Elle se consolait en disant : « Oh ! c'est bien assez que je mange la semaine prochaine chez mon autre maître. » Elle allait ensuite, avec ses deux troupeaux, promener son jeûne au grand air. Elle revenait à jeun, et se couchait de même, pour recommencer le lendemain, et cela pendant sept jours : c'était trop... le sang lui jaillissait du nez et de la bouche... Les anges de la solitude ont dû pleurer en voyant couler ce sang si pur ! Ces morceaux de pain étaient des morceaux de sa vie que les petits faméliques mangeaient sans même le comprendre. La pauvre enfant ne le comprenait pas davantage, mais elle

trouvait dans la prière une nourriture assez substantielle
pour donner à son âme la force d'imposer au corps ces privations cruelles.

Cet acte héroïque n'est pas le seul qu'ait enfanté la charité
de Benoîte : elle était coutumière du fait ; c'est, du reste, ce
que nos manuscrits affirment d'une manière explicite : « Ce
qu'elle a fait en faveur des enfants de la veuve, elle l'a pratiqué,
dans d'autres circonstances encore, envers ses compagnes,
leur donnant, lorsqu'elles avaient faim, le pain qu'elle portait
en gardant ses moutons. » Mais la petite Benoîte ne donnait
pas que du pain ; avec son cœur et son rosaire, elle donnait des gémissements et des prières à tous les malheurs dont
elle avait connaissance. Elle apprend un jour qu'une femme
est gravement malade (elle avait perdu la parole avant d'avoir
pu appeler un prêtre) ; touchée de ce pitoyable état, Benoîte
réunit ses compagnes : « Venez, dit-elle, allons dire le rosaire pour cette malade. » Les voilà récitant le chapelet avec
un entrain qu'anime la ferveur de la Bergère. Leur prière n'est
pas terminée que la malade recouvre la parole, et le premier
usage qu'elle en fait est de remercier la troupe enfantine qui
arrive près d'elle, et en particulier Benoîte qu'elle proclame
la plus aimable du village.

Aux actes de ferveur, la pieuse Bergère savait aussi joindre
l'exhortation ; elle parlait si bien de Dieu, du paradis, de
l'enfer, que les plus opiniâtres y étaient pris. Ainsi Jean Rolland, l'un des maîtres qu'elle servait et dont nous avons déjà
parlé, était un homme violent, emporté ; il commandait plus
avec le poing qu'avec la raison et les bonnes paroles. La pe-

tite Bergère lui reproche ses colères, lui rappelle les devoirs de l'amour de Dieu, lui représente la rigueur des jugements divins et l'éternel désespoir des réprouvés ; mais elle le fait avec un accent si inspiré, avec une douceur si angélique, que cet homme s'apaise soudain, quand l'humble Bergère l'interpelle. « Jamais, disent les manuscrits, il n'osa s'emporter contre cette petite fille ; » ce n'est pas tout : vaincu par l'éloquence de sa candide et vertueuse Bergère, il finit par rentrer en lui-même et, à la grande édification de tout le pays, il se convertit sérieusement.

Pour obéir à son maître, la petite Benoîte gardait les moutons avec un enfant de son âge, d'ailleurs fort pieux, doux et modeste, appelé Joseph Souchon. Or, il arriva qu'au temps des fruits cet enfant allait en prendre et en donnait à Benoîte : elle ne put le souffrir : « Hors sus ! décidément dit-elle, il faut se séparer, nous offensons Dieu ; quand nous serons seuls, nous le servirons mieux, nous éviterons de l'offenser et nous n'irons pas manger les fruits des gens. »

Non loin du village de Saint-Étienne, et sur le bord de la route, se trouve une source, autrefois très abondante, aujourd'hui un peu diminuée, mais toujours très limpide. Cette source est appelée Font-Claire et a donné son nom au quartier. A peu de distance de l'endroit où elle jaillit, et tout près de la petite rivière de l'Avance, l'on voit un marais large et profond qui, au printemps et en automne, se transforme en véritable lac.

Or, un jour que Benoîte gardait son troupeau dans les environs de cette source, elle vit venir, sur le chemin, deux mal-

faiteurs conduisant des mulets chargés de vin. En voyant ces
misérables venir vers elle, la Bergère, toujours en éveil, pénétra leurs pensées : soudain elle se dirige en courant du côté
du marais. Pauvre enfant! Ne va-t-elle pas se mettre dans
l'impossibilité d'échapper à ces loups ravisseurs ? Pourquoi
fuir de ce côté-là et non du côté du village ? L'innocente enfant n'a pas eu le temps de faire ce raisonnement ; elle n'a
pensé qu'à fuir et à prier Dieu de la sauver. Et tandis que

les infâmes se promettent bien de la voir arrêtée par les eaux,
elle fuit toujours, dût-elle y perdre la vie ; mais, ô prodige !
les eaux se consolident sous ses pieds, et elle court à travers
l'étang comme sur la terre ferme sans même mouiller le
bord de sa robe. Les misérables qui, déjà, ont de l'eau jusqu'aux genoux, s'aperçoivent que leur victime est protégée
par le Ciel et qu'en vain ils s'obstineraient à la poursuivre.
Ils s'arrêtent, et saisis de confusion à la pensée de leur cri-
minelle entreprise, ils rentrent en eux-mêmes, demandent

pardon à Dieu et publient partout le prodige que vient de provoquer leur honteuse conduite.

La plus tendre dévotion à Marie remplissait l'âme de la jeune Bergère ; et la Reine du ciel, par une dilection singulière, lui inspirait un ardent désir de la voir *véritablement,* car elle ne l'avait pas encore reconnue, sous son extérieur emprunté de « Belle Dame. »

Les simples, les bons, les purs ont de ces hardiesses qui nous surpassent.

Un trop juste sentiment de nos nullités, en vertu, nous convaincrait de folie si nous prétendions à ces hautes faveurs. Benoîte, sans doute, se croyait indigne de voir la Mère de Dieu. Mais elle avait savouré sa tendresse et elle la priait avec une confiance sans nuage de défiance.

Dans les environs du Laus, se trouve une montagne de l'aspect le plus pittoresque. Sa base est baignée au sud par les eaux de la Durance et au nord par celles de l'Avance. Ses pentes sont recouvertes d'un bois touffu tandis que son sommet, disposé en plateau, se revêt au printemps d'une opulente verdure constellée des plus tendres fleurs. La jeune Bergère n'ignorait pas ces richesses de la nature et son troupeau lui savait gré de sa complaisance lorsqu'elle se dirigeait de ce côté. Souvent même, les moutons semblaient prendre les devants et indiquer, par leur allure, une attraction mystérieuse.

Or, un jour, tandis que, précédant ou suivant son troupeau, elle récitait son rosaire ou rêvait aux choses du ciel, un beau vieillard était apparu à ses yeux, et s'était ensuite éclipsé en silence dans l'ombre de la forêt. Cette vision n'avait pas impressionné l'enfant, s'imaginant sans doute que c'était là un simple mortel. Il advint néanmoins qu'un autre jour le vénérable personnage se manifesta à la Bergère d'une façon plus ouverte et plus intime.

C'était au commencement du mois de mai, si beau partout, mais en particulier dans ces fraîches montagnes. Benoîte, tourmentée par la soif, s'enfonce dans le bois, avec espoir d'y trouver une source où elle puisse se désaltérer. Ses recherches la conduisent sur le plateau, situé sur le flanc occidental de la montagne, et à quelques centaines de mètres du sommet. Son troupeau, qu'elle a un moment oublié, la suit à son insu. Parvenue à cette hauteur, la Bergère aperçoit d'abord quelques masures désertes, puis une ancienne chapelle dédiée à saint Maurice[1] dont la montagne porte le nom. Saisie de respect devant ces ruines, elle se met à genoux et récite son chapelet.

Pendant qu'elle oublie ainsi la soif qui la tourmente, pour envoyer une couronne de salutation à sa Mère du ciel, le vieillard qu'elle avait aperçu déjà se présente à elle. Il était beau, avait la barbe longue, la taille grande, la figure douce ; son vêtement était rouge, et il portait sur la tête une sorte de bonnet élevé et pointu ressemblant à une mitre. « Ma fille, dit-il à la Bergère, que faites-vous ici ? — Je garde mon bétail, répond l'enfant ; je prie Dieu en cherchant de l'eau pour boire. — Je vais vous en tirer, réplique le vénérable

---

[1] Centurion des légions romaines, martyrisé près de là avec un grand nombre de soldats chrétiens comme lui.

vieillard » ; et, ce disant, il s'avance vers la margelle d'un puits qui se trouvait tout près de là et que Benoîte n'avait point remarqué. En considérant l'empressement du vieillard pour la servir, la bonne enfant songea tout de suite à lui offrir quelque chose. Ah ! qu'il y a de trésor de politesse, d'amabilité et d'oubli de soi dans le cœur des enfants que Dieu habite ! Benoîte ne trouva rien de plus pratique pour l'instant que de plonger sa petite main dans sa panetière et d'en tirer un morceau de pain. (Il n'y avait pas autre chose.) Elle prépara en même temps un petit discours.

Après avoir, dans la formule d'une rustique et aimable politesse, remercié le vieillard de son eau fraîche, elle se hâta de lui dire à son tour : « Beau sire, vous plairait-il d'accepter un peu de mon pain, pour manger avec moi ? — Non, ma fille, je n'en ai pas besoin. — Faut-il bien que vous mangiez, vous vous portez si bien, vous êtes si vermeil ! — Je ne vis pas de pain terrestre, je ne mange que le pain du ciel ; vous, ma fille, prenez votre réfection, je vais vous bailler encore à boire. » En disant ces mots, le messager céleste ramène de l'eau du fond du puits, et en offre à la Bergère. Celle-ci, encouragée par cet acte de bienveillance et par l'affabilité du vieillard, renoue la conversation avec une familiarité et une simplicité inouïe. « Qu'est-ce que vous portez sur la tête, dit-elle à son auguste interlocuteur ? — C'est une mitre. » L'enfant ne comprit pas. Mais elle continua : — « Vous êtes si beau ! Seriez-vous un Ange ou Jésus ? — Je suis Maurice. Cette masure était une chapelle érigée en mon honneur ; la voilà croulant de toutes parts ; mais malheur à

ceux qui en perçoivent les revenus ! Ils en répondront devant Dieu, car c'est là que je veux être honoré ! » La conversation dura encore longtemps. Cependant le jour touche à sa fin. Saint Maurice dit alors à la Bergère : « Ma fille, ne retournez pas en ces lieux, parce qu'ils font partie d'un autre territoire. Les gardes y prendraient votre troupeau, s'ils l'y trouvaient. Allez dans le vallon qui est au-dessus de Saint-Étienne ; c'est là que vous verrez la bonne Mère de Dieu. — Hélas ! Messire ! elle est au ciel, comment la verrai-je ici ? — Oui, réplique l'ambassadeur céleste, elle est au ciel, et sur la terre quand elle veut. »

Puis, pour lui donner une preuve de la vérité de ses paroles, il lui remet un bâton, en lui disant : « Vous verrez, au bas de la montagne, quatre loups sortir du bois et s'avancer vers votre troupeau ; menacez-les de cette arme, ils reculeront. »

Benoîte partit, et son troupeau bondissait devant elle. Au bas de la montagne, elle vit, en effet, les loups prédits, les mit en fuite comme le saint lui avait indiqué, et rentra heureuse en pensant au lendemain.

Le lendemain de ce jour, de grand matin, Benoîte quitte son pauvre grabat, où les ténèbres de la nuit, plus encore que le sommeil, l'ont retenue pendant quelques moments. Elle s'empresse d'ouvrir à son troupeau les portes du bercail ; puis, joyeuse comme à l'aurore d'un jour de fête, elle suit ses brebis, qui se hâtent sur le sentier conduisant au vallon désigné par Maurice. On dirait qu'une main mystérieuse dirige en ce jour le petit troupeau. Benoîte aussi subit une influence secrète [1]. Mille pensées riantes remplissent son esprit et répandent sur sa douce figure une indicible sérénité ; mais la Bergère ne cherche pas à se rendre compte de ce qui l'impressionne si agréablement.

Le vallon où courent les moutons de Benoîte s'ouvre au-dessus de Saint-Étienne, dans un ravin qui descend de la lisière du bois. Au fond, et entre deux branches du torrent, se trouve, dans une roche à plâtre en exploitation, une petite grotte près de laquelle la Bergère avait coutume de réciter son chapelet. Cet endroit s'appelle *Les Fours,* sans doute parce que les habitants du village y cuisent le plâtre nécessaire à leurs constructions.

A peine arrivée en face de la grotte, Benoîte voit tout à coup une belle Dame, qui tient par la main un petit enfant d'une beauté singulière, disent les manuscrits. Ce spectacle la ravit : elle est, en effet, si belle, cette Dame ! Il y a dans son visage une expression de grâce céleste, de majesté douce qui n'ont rien de semblable sur la terre. Ses traits sont d'une régularité parfaite et d'une finesse sans égale ; de ses yeux sortent comme des rayons de lumière sympathique et miséricordieuse qui ravissent le cœur. Ses vêtements exhalent des parfums si suaves qu'on croirait que toutes les senteurs de la Provence se sont donné rendez-vous dans le vallon.

Et cependant, malgré tout ce qu'elle voit, malgré les parfums tout célestes qu'elle respire, malgré son désir et la prédiction de saint Maurice, Benoîte n'a pas même l'idée

---

[1] C'est l'histoire de Bernadette se rendant aux Roches Massabielles.

que ce personnage mystérieux pourrait bien être la Reine du ciel. Peut-être persiste-t-elle à se croire indigne de l'ineffable bonheur de contempler les traits de la Mère de Dieu. Quoi qu'il en soit, elle n'est nullement troublée par cette vision étrange, et croit n'avoir devant ses yeux qu'une simple mortelle. Aussi, dans sa rare ingénuité, s'empresse-t-elle de lui faire cette question, usitée dans le village : « Belle Dame, que faites-vous là ?.... Voulez-vous acheter du plâtre ?.... » Puis, sans attendre la réponse, et toute émerveillée de la beauté de l'enfant que la *Belle Dame* tenait par la main, elle ajoute : « Vous plairait-il de nous donner cet enfant ? il nous réjouirait tous... » (Pas exigeante, comme vous le voyez, la bergère du Laus !...) La Dame sourit de sa simplicité et ne dit mot.

La vision dura longtemps encore. Benoîte ne pouvait se lasser de la contempler. Cependant le soleil avait accompli plus de la moitié de sa course. La faim, peut-être, ramène un instant la Bergère à la réalité de la vie ; prenant, en effet, le morceau de pain que la ménagère lui avait donné, elle dit à la *Belle Dame* : « Voulez-vous goûter avec moi ? J'ai du bon pain, nous le tremperons dans la fontaine. » (Elle n'avait donc que du pain, la chère enfant. Et encore si dur que la salive ne saurait suffire à le détremper. Il faut l'eau de la fontaine ! Rougissons, mes amis, et corrigeons-nous de notre gourmandise.) La Dame sourit de nouveau à la proposition de la Bergère et continua de fasciner ses yeux. Elle allait et venait devant le creux du rocher, s'approchait ou s'éloignait de Benoîte ; puis, quand le soir fut venu, elle prit l'admirable enfant dans ses bras, pénétra dans la grotte et disparut.

La Bergère reste sous l'ineffable impression de ce spectacle. Semblable aux disciples du Sauveur, qui, après son Ascension, restèrent longtemps les yeux fixés au ciel, elle ne peut détacher ses regards de la roche où elle a vu disparaître la ravissante Dame. Les heures passent sans qu'elle s'en aperçoive ; les étoiles la surprennent à la même place. Le bêlement de ses brebis vient la rappeler à elle-même et l'avertir qu'il est temps de se retirer. Volontiers elle fût restée là encore, si elle n'eût craint de donner de l'inquiétude à ses maîtres ou de mériter leurs réprimandes.

Le jour suivant, même spectacle, même bonheur, même ravissement. Pendant près de quatre mois, chaque jour, il lui est donné de contempler celle dont la vue lui fait un paradis sur la terre.

Marie apprend surtout à prier à sa bien-aimée enfant. Elle l'envoie quelquefois à l'église et elle-même prend soin du troupeau de la Bergère.

Après l'esprit de prière, vient l'esprit de détachement. Un jour la Mère de Dieu demande à Benoîte un de ses moutons — sans doute l'un de ses plus beaux, — et une chèvre magnifique qu'elle lui indique de la main. « Pour le mouton, répond la Bergère, oui, belle Dame, je vous le baillerai (donnerai) : je le compterai sur mes gages ; mais, pour la chèvre, je la garde, elle me fait besoin parce qu'elle me porte quand je suis lasse et pour passer la rivière quand elle est grosse. Si vous m'en bailliez trente écus, je ne vous la baillerai pas. »

— « Ma fille, reprend la Dame, je ne vous baillerai pas trente écus. Vous l'aimez trop votre chèvre : vous lui donnez des raisins et du pain. Il vaut mieux les donner aux pauvres. »

Un jour, Marie tend sa main auguste à baiser à l'humble Bergère. Celle-ci n'ose accepter cette insigne faveur. « Belle

Dame, s'écrie-t-elle, je ne suis pas seulement digne de baiser ni de toucher les vestiges de vos pieds. »

Une autre fois, la Reine du ciel, voyant sa bien-aimée lasse et tombant de fatigue, pousse la bonté jusqu'à l'inviter à se reposer sur elle. L'enfant obéit et s'endort doucement sur le bord du manteau royal.

Cependant la ménagère que Benoîte servait, étonnée du

changement qui s'était fait dans la personne de la Bergère,
veut se rendre compte par elle-même de ce qui se passe au
vallon des Fours. Sortant à la dérobée, un beau matin, de
chez elle, elle se glisse par le lit assez profond que le ruisseau
a creusé depuis le bois jusqu'à l'église, et, sans être aperçue,
elle arrive avant la Bergère à la grotte, où elle se cache sous
une roche. Sa curiosité pouvait être punie ; mais Benoîte
priait souvent pour la ménagère : au lieu d'un châtiment,
celle-ci trouva le salut.

Benoîte, de son côté, arrive à la grotte quelques instants
après et y voit sa belle Dame. — « La femme que vous ser-
vez est là cachée sous la roche, dit celle-ci. — Elle n'y est
pas, répond Benoîte, je l'ai laissée au lit, belle Dame ; qui
doit mieux le savoir de nous deux ? — Elle y est, répliqua la
sainte Vierge ; vous la trouverez sous la roche. Avertissez-la,
car, si elle continue, il n'y aura point de paradis pour elle :
sa conscience est en très mauvais état ; qu'elle fasse pénitence ;
qu'elle donne aux pauvres les plus nécessiteux de la paroisse,
la viande, le vin et les bouillons qu'elle prendrait les jours
de Pâques, de la Pentecôte et de la Noël ; qu'elle ne mange
que du pain et ne boive que de l'eau, elle aura le paradis. »

La pécheresse a tout entendu. Le repentir pénètre dans
son âme ; elle gémit, soupire et pleure amèrement. Benoîte
la trouve tout en larmes et lui dit : « Vous m'avez fait dire
un mensonge à la Dame ; je vous croyais au lit. — J'ai tout
entendu, répond la ménagère ; je me corrigerai. » Elle tint
parole : sa conversion fut complète.

Le bruit de ces merveilles ne pouvait plus rester enfermé

dans la vallée ; il passa les montagnes, et la ville de Gap en était saisie lorsque le juge de la vallée, M. Grimaud, arriva sur les lieux pour s'en enquérir. Voici son rapport :

« Comme c'est l'ordinaire des enfants de ne pouvoir rien céler, et possible par l'ordre de la Providence divine, nostre bergère s'étant expliquée de cette apparition à une infinité de personnes, sur l'advis qui m'en fut donné, comme juge de la vallée d'Avançon, je crus estre obligé par le debvoir de ma charge et la gloire de Dieu de tascher de sçavoir ce que pouvoit estre, et parler en particulier à nostre bergère. Et pour cet effet, je me rendis audit lieu de Saint-Étienne, au commencement du mois d'août 1664. Et comme elle se trouvoit absente, veu qu'elle gardoit les brebis au lieu accoutumé, je l'envoi quérir. Estant venue, je la pris en particulier. Je la trouvoi fort raisonnable, d'une humeur fort sincère, et nullement capable d'invention. Je l'interrogai fort particulièrement sur tout ce qui nous avoit esté rapporté, même je lui représentoi le mal qu'elle feroit de dire des choses lesquelles ne fussent point. Et après plusieurs remontrances que je luy fis sur l'importance de telles choses, et si elle n'y estoit point induite par quelqu'un, elle me confirma tout ce que dessus (les diverses apparitions) aveq une asseurance et une gaieté non pareilles, et me témoigna aussi (ce que je leus sur son visage) qu'elle recevoit une joie et une satisfaction incomparables de cette apparition, sans estre troublée. Je lui demandoi si elle avoit l'asseurance de luy parler. Laquelle me dit que non. Ce qui m'obligea, par sainte inspiration, que sans doubte c'estoit la sainte Vierge qui luy apparaissoit aveq le petit

Jésus, ce qui estoit un bonheur très particulier pour elle, de luy dire qu'elle luy debvoit parler, mais qu'auparavant elle debvoit confesser, communier, et mestre en estat de grâce ; après quoi, elle pourroit luy parler hardiment et sans crainte. Je luy dis telles paroles qu'elle luy debvoit adresser : « Ma bonne Dame, je suis, et tout le monde de ce lieu, en grande peine pour sçavoir qui vous estes ; seriez-vous point la Mère de notre bon Dieu ? Ayez la bonté de me le dire, et l'on feroit bastir ici une chapelle pour vous y honorer et servir. »

Benoîte fit tout ce que le pieux juge lui avait conseillé. Après s'être bien préparée, elle alla auprès de la très douce Dame, et, dans le but de savoir si elle était la sainte Vierge et si elle voulait qu'on lui élevât une chapelle sur le lieu, elle lui adressa la petite « harangue » que nous venons de lire.

La belle Dame répondit à Benoîte qu'il n'était pas nécessaire qu'on bâtit là aucune chose, parce qu'elle avait fait choix d'un lieu plus agréable : puis elle dit : « Je suis Marie, Mère de Jésus : Vous ne me verrez plus ici : ni de quelque temps. » La Bergère transmit cette réponse au bon juge, qui ajoute : « Ces paroles me confirmèrent tout à foit dans ma première croyance, savoir que la sainte Vierge daignoit bien paroître à cette simple et pauvre bergère. »

La belle Dame était donc bien *Marie*. Ce nom si doux dut faire tressaillir la jeune fille, mais non l'étonner ; le bonheur qu'elle avait goûté jusque-là était trop grand pour qu'il pût de beaucoup s'accroître par un mot qu'elle n'avait pas même éprouvé le besoin de savoir.

Notre chère Benoîte était d'une naïveté prodigieuse.

Elle avait contemplé et touché l'Enfant-Dieu qui lui souriait dans les bras de sa Mère et elle aurait voulu l'emporter pour le montrer à tout le monde. Bien plus, ayant vu dans la ferme de son maître un bébé d'une laideur remarquable, elle forma le projet de lui substituer le poupon qu'elle voyait aux Fours.

Un jour donc, elle prend dans le pan de son tablier le nourrisson de la ménagère et se dirige vers la grotte. La mère de l'enfant la voit et lui demande où elle va de ce train. « Comme votre fille est tant laide, répond naïvement Benoîte, je vais l'échanger contre le beau poupon de la Dame. Nous le porterons à l'église et il réjouira tout le monde. » On imagine la stupéfaction de la pauvre femme et de quelle main elle arracha son nourrisson du tablier de l'étrange fillette.

Cependant le Thabor où était montée la petite Bergère ne devait pas durer toujours. Elle en descendit quand Marie lui dit : « Vous ne me verrez plus de quelque temps. »

La pauvrette cherchait sa Mère céleste en pleurant ; et ne la trouvant plus, elle pleurait encore.

Elle se lamentait ainsi depuis un long mois, jetant à tous les échos les cris de sa tendresse et regardant toujours du côté où ses yeux avaient contemplé sa Mère céleste.

Le 29 septembre, fête de l'archange saint Michel, elle voit enfin devant elle comme un foyer lumineux qui rendait sombre la clarté du soleil.

Au centre, resplendissait la douce Reine qui venait à la rencontre de son enfant.

A ce spectacle ravissant, Benoîte vole comme la flèche,

traverse l'Avance, escalade la côte et se jette aux pieds de l'Apparition.

Lorsqu'elle se releva, elle lui dit : « Belle Dame, pourquoi m'avez-vous privée si longtemps du bonheur de vous voir ? »

Marie sourit à ce naïf reproche. Elle versa tout entière, dans l'âme de l'enfant, la coupe des douceurs célestes et lui dit : « Allez au Laus, vous y trouverez une petite chapelle d'où s'exhaleront de suaves odeurs. C'est là que vous me

verrez souvent et que je vous parlerai. » La Vierge disparut à ces mots.

Benoîte, comme bien on le pense, s'empressa de venir au hameau du Laus. Elle cherche longtemps l'humble oratoire annoncé. Et des larmes gonflaient ses yeux lorsque des flots de senteurs enivrantes arrivent jusqu'à elle et lui indiquent la demeure de Marie.

Elle entre dans une petite chapelle, ouverte aux quatre vents et ses regards rencontrent, debout sur un autel poudreux, sa divine Mère.

L'enfant se prosterne, Marie lui prodigue les marques d'une tendresse trois fois maternelle. — « Ma fille, lui dit-elle, vous m'avez bien cherchée ; vous m'avez fait plaisir de ne pas vous impatienter ; mais il ne fallait pas pleurer. » (Cette scène vous rappelle peut-être votre propre situation, lorsque votre maman se cachait à vos yeux, pour voir si vous la chercheriez.)

Cependant, la jeune Bergère, proprette par habitude, avait remarqué la nudité absolue de l'autel et la couche de poussière qui le déshonorait.

« Ma très chère Dame, lui fit-elle, avec une intonation suppliante, voulez-vous que j'étende mon tablier sous vos pieds ; voyez, il est tout blanc ». Et l'enfant levait et étendait son tablier devant l'Apparition, comme pour affirmer qu'elle disait bien vrai.

— « Gardez votre tablier, lui dit la Vierge. Puis elle lui fait part de ses projets célestes. Je veux faire bâtir ici une grande église en l'honneur de mon Fils et en mon nom.

— Le pays est si pauvre !

— Ne vous en inquiétez pas. Les oboles des pauvres en feront les frais. Bientôt il ne manquera rien ici, ni nappes, ni linge, ni cierges, ni ornements.

Mais, mon enfant, dit alors Marie, vous ne considérez pas que le jour a fui. Vos maîtres vous cherchent, allez. »

Plusieurs fois la douce Mère dut ainsi avertir sa pieuse enfant qui s'oubliait à ses pieds. Il me semble que plusieurs d'entre vous en auraient fait autant, (sans vous soupçonner de distraction, cependant.)

Benoîte, depuis ces fameux entretiens, n'appela plus Marie

que « la bonne Mère ». Et c'est sous cette aimante appellation qu'on désignera désormais la sainte Vierge dans toute la Provence et surtout à Marseille.

A partir de cette année, le pèlerinage de Laus devint célèbre et les conversions s'y multiplièrent avec les miracles.

Bientôt, une commission ecclésiastique, composée de vingt membres, partit de Gap pour se rendre au Laus. A cette nouvelle, la timide Bergère voulait se sauver. Mais la bonne Mère lui dit :

« N'ayez pas peur, ma fille ; vous rendrez raison aux gens d'Église, répondez hardiment à toutes les questions que l'on vous fera, car je suis avec vous. »

Puis Marie ajouta ces surprenantes paroles : « Les prêtres peuvent bien commander à mon Fils, mais non à moi. »

Divinement fortifiée, la Bergère attend de pied ferme la commission d'enquête. Lorsqu'elle se sent poussée de trop près ou que son argumentation lui semble manquer de force pour vaincre l'apparente opposition de ses juges, elle ne manque pas de répéter la phrase sacramentelle de sa Mère : « Les prêtres peuvent bien commander à Jésus-Christ, mais non à la sainte Vierge. »

Bientôt en effet, d'éclatants miracles vinrent prouver la vérité des dires de la voyante qui fut cependant soumise à plusieurs examens subséquents.

C'est vers cette époque que fut bâtie la grande chapelle demandée par Marie, et où l'on va prier aujourd'hui.

Dieu accorda à la voyante du Laus de voir dans les consciences. Un prêtre qui avait soutenu une discussion assez vive avec un Janséniste, voulut avant de dire sa messe, savoir s'il n'avait pas oublié de déplorer quelque péché et s'adressa à la Bergère. Celle-ci lui signala douze péchés véniels, entre autres un mensonge dont l'humble ministre s'accusa publiquement.

Un jour que Benoîte était malade, deux visiteurs se pré-

Notre-Dame du Laus.

sentèrent. Quoiqu'elle eût les yeux fermés, elle s'écria du fond de sa misérable alcôve : « Je ne veux pas que le chirurgien me touche ! » Ce dernier surpris, s'assit, et l'enfant commença à faire son examen de conscience. Elle termina en lui disant : « Allez au Laus et faites une bonne confession générale. » Terrassé, le pauvre homme écouta le conseil et se convertit.

Elle voyait les âmes noires qui allaient communier avec des péchés mortels et elle les arrêtait au bord de l'abîme.

Un jour de pèlerinage régional, elle avertit jusqu'à trente-cinq de ces malheureux sacrilèges.

Elle jeûnait tous les jours au pain et à l'eau pour les pé-cheurs.

Ayant appris que les anciens pères du désert vivaient de racines, elle se mit à creuser la terre au pied des premiers arbres venus pour en mâcher les racines.

Pour arracher un pécheur à l'enfer, elle jeûna huit jours durant.

Elle allait, en toute saison et les pieds nus, prier devant une croix champêtre.

Sa prière était continuelle. Chaque jour elle récitait quinze Rosaires, quinze chapelets et cent cinquante fois les litanies que la sainte Vierge lui avait apprises avec une amende honorable au Saint-Sacrement.

Elle dormait à peine trois heures. La veille des fêtes, elle ne se couchait pas.

Lorsque les pécheurs s'endurcissaient contre la grâce d'en-haut, elle s'accablait de cilice et de chaînes de fer et le sang trempait ses vêtements.

Nous verrons plus loin qu'un ange lui cacha, par pitié, ses instruments meurtriers de pénitence.

Elle préludait ainsi aux douleurs de la stigmatisation qui devaient la crucifier vivante un jour, ou plutôt pendant plusieurs années.

Il est une particularité frappante dans la vie de notre pieuse enfant, c'est le commerce si familier qu'elle a avec les esprits célestes.

C'étaient des frères bien-aimés vivant avec une sœur chérie.

Pendant la construction de la nouvelle chapelle, le tabernacle de l'ancienne se trouva dans un état de délabrement et de malpropreté inquiétant pour les anges eux-mêmes.

« Informez-en les prêtres », dit l'un d'eux à sa jeune sœur. Mais la recommandation s'évanouit dans le bruit des constructions. Bientôt le même ange réapparaît à Benoîte qui s'était enfermée un soir dans l'église. « Allumez deux cierges, dit-il. »

L'enfant obéit. L'ange ayant retiré les saintes espèces du tabernacle, avec une profonde vénération, les recouvre d'un voile. Puis, il fait signe à sa sœur de prendre le tabernacle d'un côté ; lui le soulève de l'autre avec une facilité que la Bergère ne s'explique pas. Elle en témoigne son étonnement. « Vous êtes si petit [1], bel ange, et vous portez un si lourd fardeau ! »

L'esprit céleste répondit par un sourire à cette naïve observation de sa sœur terrestre. Puis, se mettant à l'œuvre, ils opèrent en quelques instants un parfait nettoyage. L'ange remit alors les saintes espèces à leur place, les adore et disparaît.

Hélas ! dès ces souriantes étapes de sa vie et au milieu des sourires des anges, Satan, le noir Satan, l'ange retourné, observait la jeune vierge. Sa pureté, l'odeur des lis qu'elle semait partout suffoquait l'infâme ; et la dilection que lui témoignait

---

[1] Ceci donnerait à entendre que les anges apparaissaient à Benoîte sous la forme de jeunes enfants.

le Ciel, le faisait crever de dépit. Il demanda à Dieu, comme autrefois pour Job, le pouvoir de la tourmenter.

Dieu le lui permit dans une certaine mesure et pour le bien de sa servante.

Nous verrons plus loin ses ignobles attaques. Restons, pour le moment, avec les bons anges.

Il arriva plusieurs fois à la bergère, qui venait nuitamment prier dans la chapelle, de trouver la porte du sanctuaire fermée. Alors elle s'agenouillait sur le seuil ; mais souvent, son bon ange jouait un tour au gardien de l'église, et ouvrait la porte à sa sœur Benoîte.

Un jour de Noël, après la messe de minuit, (dans les contrées méridionales, ce ne serait pas Noël sans cet office de la nuit) notre pieuse enfant s'enfonça dans l'obscurité d'un angle pour continuer à prier à son aise.

Elle fut frappée tout à coup par l'apparition d'une multitude d'esprits angéliques qui venaient se ranger en procession. Les uns portaient une tunique rouge et les autres avaient un vêtement blanc, unissant ainsi le double symbolisme du martyre et de la pureté.

Chaque ange portait un flambeau et chantait le *Gloria in excelsis*.

L'harmonie du chant était si belle, que la Bergère ne pouvait contenir ses transports. Elle prit un cierge et se mit à la suite de l'angélique phalange.

Un des esprits bienheureux lui traduisit, en patois, les paroles liturgiques du *Gloria* qu'elle ne comprenait pas.

Les anges ajoutèrent en français et comme témoignage d'é-

ternelle ·reconnaissance envers le Créateur et le Rédempteur
des hommes, ces paroles que rediront désormais les généra-
tions humaines : *Béni soit le Père céleste qui a choisi ce lieu*
pour la conversion des pécheurs ; que le Seigneur bénisse tous
ceux qui viendront ici l'adorer !

Une faveur encore plus grande attendait la Bergère le 2 août,
fête de N.-D. des Anges. L'enfant était ce jour-là à la chapelle
et les yeux arrêtés sur l'autel. En même temps, deux anges
lui apparurent.

« C'est aujourd'hui une grande fête, dit l'un d'eux, voudriez-vous communier ?

— Hélas ! comment pourrais-je communier, puisqu'il n'y a
pas de prêtre pour me confesser ? » (Beaucoup d'enfants disent
comme elle et ne voudraient pas communier sans se confesser,
quand même ils seraient purs comme des lis.) Écoutez, mes
amis, les paroles de l'ange qui vont vous instruire.

« Il n'est pas nécessaire, ma sœur, de vous confesser, puis·
que vous n'avez pas commis de péché qui puisse vous empêcher de communier. »

En effet, comme le soleil de midi chasse les brouillards qui
voilent la terre, de même Jésus, le véritable soleil du monde,
chasse, par sa présence, les nuages de nos petits péchés et im-
perfections de chaque jour.

L'ange ajouta : « Je vous donnerai moi-même la communion.

Allumez les cierges ; venez à l'autel et prenez la nappe dans
vos mains. »

En même temps il ouvre le tabernacle, en retire une hostie

et la donne à la Bergère agenouillée dans l'extase de l'amour et du bonheur.

L'autre ange, comme nos enfants de chœur, et probablement mieux qu'eux (soit dit sans médisance), se tenait prosterné en adoration devant cette auguste scène.

A l'entrée du vallon du Laus, en face du village d'Avançon, sur le bord du chemin qui, de ce côté, conduisait dans le vallon béni, s'élevait une croix, appelée la croix d'Avançon. Benoîte éprouvait un attrait particulier à venir prier au pied de cette croix. Elle y allait, le jour, la nuit, pieds nus, même l'hiver au milieu des neiges et des glaces ; plus de vingt fois, disent les manuscrits, les pieds lui ont gelé. Là, elle s'attendrissait au souvenir des souffrances de son divin Maître et les larmes coulaient abondantes de ses yeux. Le bon Sauveur voulut récompenser un amour si compatissant. Il se fit voir à son humble servante, sur cette croix, crucifié, agonisant et couvert de sang, comme il était autrefois sur le gibet du Calvaire. Un ange était au pied de l'arbre sacré, et il dit à Benoîte : — « Voilà, ma sœur, ce qu'a souffert votre père et le mien !... Ne voudriez-vous pas souffrir pour l'amour de lui ? »

A cet instant, l'âme de l'enfant est brisée. « Ah ! mon Jésus ! s'écrie-t-elle, si vous restez encore un instant en cet état, je meurs. » Remarquez que le Sauveur ne souffrait alors qu'en figure ce qu'il avait souffert sur la croix en réalité.

Nous avons vu ensemble comment l'innocente enfant traitait son corps.

Sa ferveur la conduisit si loin dans la voie des macérations que les anges en redoutèrent les suites pour les jours de leur sœur bien-aimée.

Il paraît que la pauvre fille avait dépensé « quatre bons francs » pour acheter ses chaînes et ses cilices. Ce fut cette raison pécuniaire qu'elle fit valoir auprès de Marie dans un réquisitoire contre les anges.

Un soir, ne trouvant plus ses instruments de supplice, elle s'en plaignit à sa Mère du ciel ; et sans autre forme ni façon, elle accusa les anges de les avoir cachés.

Elle disait vrai ; et il fallut l'autorité de la Reine des anges, pour les faire consentir à une restitution entière.

Un gentilhomme avait fait présent à la Bergère d'un très beau chapelet en ambre très pur. Benoîte avait peut-être un faible pour ce bijou. (Les petites filles surtout aiment les objets de piété ; et, plus souvent que les garçons, on les voit demander *une petite image, une petite médaille.* Tout cela part d'un très bon sentiment, car, sans doute, elles se proposent d'être *sages comme les images* qu'on leur donne.)

L'ange gardien s'aperçut de cette prédilection *pieuse* de la Bergère pour le beau chapelet et le lui souffla tout court. L'enfant eut beau chercher : l'esprit céleste avait des caches impénétrables aux yeux des humains. Lorsqu'elle fut à bout de recherches et d'expédients : « Bonne Mère, dit-elle à la sainte Vierge, ces angelots m'ont encore caché mon chapelet. Commandez-leur, je vous prie, de me le rendre.

« Allez dans tel endroit, ma fille, et vous le trouverez, lui dit Marie. »

Un saint (saint Jean Chrysostome, si la mémoire me fournit

bien) a écrit que si deux anges devaient vivre sur la terre, ils ne passeraient pas un jour ensemble, sans qu'un petit nuage de divergence ne s'élevât entre eux. Il ne faut donc pas s'étonner qu'un ange et une mortelle, ne fussent pas toujours d'accord.

« Ma sœur, lui dit un jour son ange tutélaire, votre zèle s'est emporté en ma présence. »

« Mon bel ange, fit immédiatement l'enfant, si vous aviez un corps pesant comme nous, nous verrions bien ce que vous feriez. »

Un autre jour, elle se trouva en présence de la bonne Mère qui arrivait du ciel au milieu d'un groupe de petits anges. Ces esprits célestes, comme désireux de fraterniser avec la terre, s'étaient hâtés de lier conversation avec la Bergère.

Celle-ci, cependant, les écoutait à peine et regardait Marie silencieuse. Tout à coup elle regarde ses interlocuteurs avec un air inaccoutumé ; et croyant que les préceptes de la politesse sont faits aussi bien pour les habitants d'en haut que pour les enfants de la terre, elle leur dit : « Taisez-vous, petits anges, et laissez parler votre Reine.

— Mais c'est par son ordre que nous parlons, reprit celui qu'elle avait visé dans sa semonce. »

La Bergère, un peu confuse, regarda Marie qui sourit et termina l'incident.

Les anges avertissaient souvent la pieuse Bergère que tel ou tel pécheur attendait le secours de ses prières. Ils lui faisaient même connaître la vertu des plantes communes, afin qu'elle soulageât les malades. Un jour, elle en prit audacieusement un dans ses bras, tellement elle sentait son cœur battre à l'unisson des habitants du ciel.

Ce furent enfin les anges qui la ravirent un jour jusqu'au ciel, et lui prédirent sa mort.

Les démons, de leur côté, voulaient paralyser l'action bé-

C. le Brun pinx.

nigne des bons anges. Et pour rendre plus subversive leur action infâme, ils prenaient devant l'enfant prédestinée toutes les formes.

Dans les champs et la nuit, quand elle allait prier au pied de la croix d'Avançon, les démons se montraient à elle sous la forme de loups enragés ou de serpents sifflants.

Une fois, l'enfant vit venir à elle un adolescent couvert de guenilles et qui lui demandait l'aumône. Benoîte allait lui donner un morceau de pain, quand le prétendu pauvre change subitement de forme et se met à vomir les plus horribles blasphèmes contre Dieu, la sainte Vierge et les Saints.

Dans d'autres circonstances, et quand ils le pouvaient, les esprits infernaux s'évertuaient à donner à la pure vierge des suggestions infâmes; ils faisaient des menaces qu'heureusement ils ne réalisaient jamais, muselés qu'ils étaient par la main du Tout-Puissant.

L'enfant, habituée à ces stratagèmes, se riait de leur impuissante malice.

Satan entrait alors dans l'exaltation d'une folie enragée. Il battait le plancher, faisait voler les chaises vermoulues qui se trouvaient dans la chambrette de l'enfant, il tordait les fers, broyait la vaisselle...

Ces scènes diaboliques se renouvelaient surtout lorsque, par ses prières ou ses conseils, l'admirable enfant avait ramené quelque grand pécheur à Dieu.

Je veux t'étouffer, sorcière, tu me fais trop de mal, rugissait un jour le démon en secouant, comme un tigre sa cage, l'humble cellule de l'enfant.

Mes amis, entendez-vous sire Belzébuth, qualifier une sainte de sorcière?...

Avec toute son audace, sa puissance d'action, sa science de séduction qu'il tient de la nature angélique, il en est réduit à des puérilités écolières et à des injures de cabotin! Il perd *son latin* avec une enfant qui ne sait pas lire le français ! Et toutes ses tentations sont des reculades honteuses !...

Ah ! qu'il avait bien meilleur jeu avec les enfants des environs, qui avaient sacrifié leur conscience à ses infâmes insinuations et à ses fallacieuses promesses ! Comme il les caressait de ses pieds de bouc et de son haleine maudite !... Voyez, dans votre cœur, ce que vous voulez lui accorder... Osez lui tendre votre main blanche et vos joues roses !...

Lui, le grand Dragon, qui meurt à chaque instant du désespoir de ne pouvoir mourir, voulait porter Benoîte à la désespérance !—Tes prières ne comptent pas, lui disait-il, et tes pénitences sont des enfantillages, l'enfer t'attend, quoi que tu fasses ! Ne compte pas même sur ta « Belle Dame ».

Mais la jeune vierge est à bonne école avec les anges et sa Mère du ciel. Elle fait fi de tous les stratagèmes infernaux.

Satan, qui prévoit que cette proie lui échappera quand même, jette le cri d'alarme sous les voûtes embrasées de ses noires prisons. Des légions accourent pour livrer des assauts plus terribles. Dieu semble lui donner une plus grande liberté et, comme l'ours attaché, Satan s'agite tout le long de sa corde.

Il ne peut pas enlever les richesses de l'enfant comme celles de Job, elle n'en a pas : il l'enlève elle-même, pendant son sommeil, et la dépose sur le toit d'une chapelle appelée N.-D. de l'Érable. Les anges la ramènent dans son lit.

Une autre nuit, c'est sur la pointe d'un rocher à pic qu'il la dépose. Dans une autre circonstance, il la roule sur des pierres aigües, à travers des broussailles ; le corps de l'enfant en est tout bleu. Les anges viennent la relever.

Vous remarquerez, mes amis, que l'enfer toujours vaincu recommence toujours ses agressions. Il veut, au moins en ce monde, faire aux saints tout le mal possible, et il ne recule pas même devant le rôle de « souffleur de chandelles » quand il ne peut mieux ou plus.

Avec notre douce enfant, qui était pour lui un champion des plus redoutables, il ne se contentait pas de si peu : il allait, comme je vous l'ai dit, jusqu'au bout de sa chaîne. Il prenait une satisfaction infernale à faire, dans les oreilles timorées de Benoîte, le récit des péchés honteux qu'il faisait commettre aux hommes, et surtout aux enfants qui étaient et qui sont encore ses « morceaux friands » lorsqu'il peut les enlacer de ses maudites griffes.

Dieu, par une conduite qui nous étonne d'abord, semblait lui avoir abandonné sa fidèle servante. (Il en a usé ainsi avec plusieurs saints.)

Un jour Satan, pour en finir, la posa contre le sol et dans un endroit où tout le monde l'eût aperçue sans quelques touffes de froment épié qui s'interposaient entre elle et les spectateurs.

La pauvre enfant demeura ainsi quinze jours, sans mouvement et sans parole.

— Tu vois, ricanait Satan, que tu es bien à moi ; bouge si tu peux…? Délivre-toi donc…? Tu n'es qu'à deux pas de l'église, et c'est au grand jour. Si tu veux m'obéir, tu seras comblée de biens, sinon, tu vas mourir sans prêtre et sans sacrements. Choisis donc, hâte-toi de choisir…?

Ne craignons pas. Notre aimable sœur est trop près de Jésus pour aller à Satan. Et ce n'est pas de la croix que l'on presse sur son cœur qu'on court à la trahison et qu'on tombe en enfer.

Les directeurs de notre pieuse enfant, l'ayant découverte, l'exorcisèrent et Satan la laissa en repos pour un peu de temps. Car bientôt ses attaques recommencèrent pour ne plus cesser qu'avec la vie de la victime.

Mais les bons anges tempéraient cette sorte d'abandon qui semblait peser sur la Bergère du Laus. Et selon le mot de saint Bernard, Dieu s'approcha d'elle avec les tribulations et les souffrances.

Ainsi fera pour nous Celui qui a compté ici-bas les cheveux de notre tête, mais mieux encore, nos moments d'ennui, nos jours de peines, pour les changer en de perpétuelles éternités d'allégresse dans le ciel [1].

---

[1] Nous avons fait, dans le présent travail, de nombreux emprunts et même des découpures à un opuscule intitulé : « *Notre-Dame du Laus.* » Rigaud, éditeur à Gap.

Jean-Marie de la MENNAIS

~~~✳~~~

Jean-Marie de la Mennais naquit à Saint-Malo, le 8 septembre 1780, fête de la Nativité de la Très sainte Vierge, dans un bel hôtel de la rue Saint-Vincent. A son entrée dans la vie, il se trouva donc comme providentiellement placé sous la protection spéciale et le patronage de la Bienheureuse Vierge Marie.

Laissant à la mère la première éducation de la petite famille, M. de la Mennais ne songeait qu'à se dévouer au bien public et à se rendre de plus en plus « recommandable par des vues utiles, par un zèle pur et actif. »

Mme de la Mennais n'était pas au-dessous de la tâche qui lui était dévolue. Profondément pieuse, elle unissait aux charmes de l'esprit les qualités sérieuses du caractère ; aussi s'appliqua-t-elle à imprimer dans le cœur de ses enfants les sentiments dont elle était elle-même animée.

Dieu, dont les desseins sont impénétrables, ne lui laissa pas le temps d'accomplir l'œuvre qu'elle avait si bien commencée, et ce fut un immense malheur pour sa famille. Attaquée d'une maladie de langueur, elle mourut le 22 septembre 1787.

Jean-Marie, alors âgé de sept ans, pleura longtemps sa mère dont le tendre et profond souvenir ne le quitta jamais. Il avait conservé pieusement quelques pages de son écriture, et il se plaisait à les montrer dans les derniers temps de sa vie : c'étaient des prières, des consécrations religieuses. — L'institut de Ploërmel garde avec respect ce témoignage de la piété filiale de son fondateur.

Le digne enfant retrouva dans Mme des Saudrais, sa tante, une tendresse pleine de sollicitude et vraiment maternelle, qui sut développer les heureuses dispositions et les qualités dont le Ciel avait doué sa jeune âme.

La famille de la Mennais était sincèrement et profondément chrétienne. Aussi jouissait-elle de l'intimité du haut clergé de Saint-Malo : Mgr des Laurents avait tenu à conférer lui-même le baptême aux enfants de M. de la Mennais, et son successeur, Mgr Cortois de Pressigny, donna à Jean-Marie le sacrement de Confirmation, et lui fit faire sa Première Communion dans des circonstances qui devaient laisser au cœur de l'enfant d'impérissables souvenirs.

On était déjà en pleine période révolutionnaire : l'évêque de Saint-Malo songeait à prendre le chemin de l'exil. Il pensait que, grâce à des correspondants courageux et fidèles, il pourrait, de l'étranger, garder plus facilement son troupeau dans la foi. C'est à M. de la Mennais qu'il confia le soin d'organiser son départ.

Un soir, Mgr de Pressigny se rendit donc à la Chesnaie,

maison de campagne située à 10 kilomètres de Dinan, où
l'attendait M. de la Mennais avec toute sa famille. L'évêque
témoigna le désir de célébrer la messe le lendemain. « Mais,
qui la répondra, dit le prélat ? — Moi ! » s'écrie Jean-Marie,
resté silencieux dans un coin de la chambre. Il n'avait pas
encore dix ans.

« Tu sais donc bien servir la messe, mon enfant ? dit avec
bonté Mgr de Pressigny. — Oui, Monseigneur. — Et ton catéchisme, le sais-tu bien aussi ? — Oui, Monseigneur, je le
sais tout entier. » Alors, les yeux du pieux pasteur se repo-
sèrent avec attendrissement sur le jeune enfant.

« Écoute, mon petit Jean, après l'avoir interrogé, je vais
partir ; je ne sais s'il me sera donné de revenir jamais. Puisque tu sais si bien ton catéchisme, prie bien le bon Dieu, et
je te confirmerai demain matin avant ma messe. » Le lende-

main en effet, Jean-Marie reçut, avec le pardon de ses fautes, le Pain qui donne la vie et l'Onction sainte qui rend parfait chrétien. La suite montra combien l'évêque avait été bien inspiré.

Mgr de Pressigny faisait en toute hâte ses préparatifs de départ. Tout à coup, M. de la Mennais s'aperçoit que son fils est absent ; cependant il ne veut pas que l'enfant soit privé de la dernière bénédiction de son évêque. Il l'envoie chercher, il l'appelle : Jean-Marie se fait un peu attendre. Il arrive enfin, portant sous le bras quelques vêtements et ses livres de classe.

« Où vas-tu donc, mon fils ? — Je vais avec Monseigneur. — Mon enfant, il ne faut pas tant de monde pour conduire Monseigneur ; on ferait trop de bruit. — Ce n'est pas pour le conduire que je pars, c'est pour rester avec lui ; Monseigneur va chez les protestants ; il ne trouvera personne pour lui répondre la messe. »

Jean-Marie parlait devant l'évêque de Saint-Malo, vivement ému par ce dialogue : « Mon cher enfant, dit-il enfin, je te remercie ; mais vois-tu, je ne sais quand je reviendrai ; je te remercie, je ne t'emmènerai pas. »

Alors, ce fut le tour de Jean-Marie de pleurer : « Mais, Monseigneur, avec vous je n'aurai point peur.... J'irai avec vous : je serai votre enfant de chœur ; vous m'apprendrez le latin, vous me ferez prêtre, et je ne vous quitterai jamais.... »

L'évêque ouvrit ses bras au généreux enfant, et le tint long-temps embrassé. Puis, d'une voix grave et comme prophétique, il ajouta :

« Mon enfant, si j'ai besoin de quelqu'un, je te promets de te demander de préférence à tout autre. En attendant, apprends bien le latin; applique-toi bien à toutes tes études, et quand je reviendrai, je te ferai prêtre. »

Ces recommandations ne furent point oubliées, et Jean-Marie se mit à l'étude avec ardeur. Ses progrès furent rapides et sa piété devint de plus en plus ardente.

Son caractère docile et ferme répondait merveilleusement aux soins de la bonne tante; et l'enfant ne faisait rien sans la consulter.

Dans les premières années de la Révolution, une fête patriotique se préparait à Saint-Malo. M. de la Mennais, qui avait été nommé commandant de la garde nationale, fit confectionner un petit costume militaire pour son fils, et lui annonça qu'ils assisteraient ensemble à cette fête. L'idée de se voir en bel uniforme réjouissait fort l'enfant; mais une inquiétude vint tout à coup troubler son esprit. Il alla trouver sa tante qui, par discrétion, n'avait pas cru devoir blâmer le projet paternel.

« Chère tante, lui dit-il, est-ce que les *intrus* seront là?

— Oui, répondit Mᵐᵉ des Saudrais, ils doivent bénir les armes et les drapeaux.

— Ah!... mais alors ce sera un péché que d'assister à cette fête?

— Je le crains, mon enfant, cela ne me semble pas permis en effet. »

C'en fut assez. Quoique le bel uniforme captivât les yeux de Jean-Marie, il y renonça sans hésiter; et quand on l'appela, le lendemain, pour le costumer et lui ceindre sa petite épée, on ne le trouva plus à la maison. Il n'y rentra que le soir, l'estomac creux, mais la conscience tranquille, enchanté d'avoir sauvé son épée de la bénédiction des prêtres assermentés.

Durant la Terreur, il répondait chaque jour la messe à quelque prêtre fidèle.

Un soir, il se promenait sur le Sillon, non loin de la demeure de son père, quand un jeune homme, vêtu en matelot, l'aborde timidement : « Qui êtes-vous, dit l'enfant avec grâce, et quels sont vos desseins? » Le jeune homme répond d'une manière évasive ; mais Jean-Marie fixant sur son interlocuteur ce regard dont la vivacité extraordinaire survécut à l'âge :

« Vous êtes prêtre, lui dit-il ; ne me trompez pas ; on vous attend chez mon père : venez-y, je vous en prie. Surtout, ne vous embarquez pas, restez avec nous : je servirai votre messe tous les jours ! »

Le jeune étranger était bien, en effet, un prêtre proscrit. Il venait de Noyon, où il était né, et où il s'était voué à l'enseignement ecclésiastique. Sur le témoignage de plusieurs de ses compatriotes, confesseurs de la foi, comme lui, il s'était dirigé vers Saint-Malo, comptant sur l'hospitalité généreuse des Malouins. Il avait vingt-sept ans et se nommait l'abbé Vielle.

Le prêtre proscrit fut reçu avec égard dans la famille de la Mennais, et ainsi commença entre Jean-Marie et lui cette liaison forte et sainte qui ne devait être brisée que par la mort. C'était en 1793 que la Providence envoyait ainsi à Jean et à Félicité cet excellent précepteur, le modèle et l'ami de leur adolescence.

Parfois, raconte M. Blaise, la famille se réunissait à minuit dans une mansarde; et pendant que la fidèle Villemain, la vieille gouvernante, si dévouée à ses maîtres, veillait au dehors, deux bougies brûlaient sur la table transformée en autel, et M. Vielle, assisté de Jean-Marie, célébrait la messe.

Avant l'arrivée de M. Vielle à Saint-Malo, Jean-Marie servait habituellement la messe à M. l'abbé Engerand, chanoine du diocèse, resté secrètement dans la ville, et, dès le point du jour, l'enfant se rendait chez lui.

Un matin, trompé par un effet de lune et se croyant en retard, il quitte la maison paternelle et se dirige en toute hâte vers l'asile du vénérable chanoine.

Tout à coup, un *qui vive?* vibrant le fait tressaillir : c'est la patrouille!... Jean-Marie tremble de tous ses membres, non pour lui-même, mais pour le prêtre fidèle. Car, que répondre aux questions qu'on va lui faire? Comment expliquer sa présence devant cette maison? La pensée de l'échafaud qui menace son confesseur traverse son esprit comme un éclair et lui rend tout son sang-froid.

« Citoyens, s'écria-t-il d'un air dégagé, pourriez-vous me dire l'heure qu'il est? — Une heure. — Merci et salut, citoyens! » La patrouille n'en demande pas davantage, ni Jean-Marie non plus...

Enfin, après Thermidor, lorsque la guillotine eut fauché la tête même des bourreaux, la tempête révolutionnaire se calma ; et M. de la Mennais, qui destinait d'abord son fils à la carrière commerciale, consentit enfin à le laisser suivre son attrait pour le sacerdoce.

Bientôt, sous la conduite de son cher et savant maître l'abbé Vielle, l'adolescent fit de rapides progrès dans les sciences sacrées. Il devint un savant prêtre et fonda l'Institut des frères de Ploërmel pour l'instruction et l'éducation de la jeunesse.

SAINTE DOROTHÉE

Cette aimable sainte vivait à Césarée au moment où le paganisme voyait ses derniers soleils.

Ses vertus étaient connues de toute la ville et toutes les mères chrétiennes la donnaient volontiers pour modèle à leurs jeunes filles.

C'est dans la pratique de toutes les vertus de son âge qu'elle cueillit la palme du martyre.

La dixième persécution qui devait clore les fastes sanglants de l'Église, sévissait alors avec une extrême rigueur. Maximien-Hercule, la bête féroce par excellence, ne voulait plus laisser sur la terre un seul chrétien.

Il s'était adjoint des satellites non moins cruels que lui et qui exécutaient en détail, dans chaque ville, ses ordres sanguinaires.

L'infernal Saprice terrorisait Césarée au moment où la douce Dorothée l'embaumait du parfum de ses vertus. Le vautour ne tarda pas à s'abattre sur sa proie.

— Comment t'appelles-tu? dit-il avec la dernière arrogance, à la Sainte qui était debout devant lui les yeux baissés.

— Je m'appelle Dorothée, répondit dignement la sainte.

— Je t'ai fait mander afin que tu sacrifies aux dieux des empereurs.

— Le seul Dieu que je reconnaisse est le Dieu créateur du ciel et de la terre. Lui seul a pu dire : « Un seul Dieu tu adoreras. » Maintenant voyez vous-même s'il est convenable d'obéir à Dieu ou aux hommes.

Or, vous n'ignorez pas que vos empereurs ne sont que des hommes mortels comme, du reste, les prétendus dieux dont vous adorez les simulacres.

— Laisse là cette forfanterie qui te deviendrait fatale ; car je suis résolu de faire un exemple capable d'intimider les plus résolus des chrétiens.

— L'exemple que je veux donner c'est celui de la crainte de Dieu et du mépris des tourments des hommes. Les hommes, comme des chiens enragés, s'emportent sans raison contre des innocents et déversent sur eux leur colère insensée.

— A ce que j'entends, je puis juger que tu veux mourir comme beaucoup de chrétiens. Mais, prends garde, si tu ne sacrifies, tu n'échapperas pas au chevalet.

— Que m'importent tes chevalets ? Ce sont des tortures qui passent. Ce que je veux éviter à tout prix, ce sont les tortures de l'enfer qui ne passent pas...

Saprice commençait à perdre patience : — Crains les dieux, lui dit-il, ces dieux qui, dans leur colère, peuvent faire périr ton âme et ton corps, si tu persévères dans ton obstination !

— Je t'ai déjà dit, Saprice, que jamais tu ne m'amèneras

à sacrifier aux démons qui ont autrefois habité dans ces hommes orgueilleux, dont on rougirait de raconter la vie, tant elle fut honteuse, et dont la mort a été semblable à celle des bêtes. Ils ne connurent pas Celui qui a créé le ciel et la terre et ce qu'ils contiennent. Leurs âmes sont dans des flammes dévorantes, tandis que vous adorez ici leurs images faites de divers métaux. Ils iront inévitablement les rejoindre dans ces feux éternels, ceux qui les adorent et les imitent, au mépris du Créateur !

Saprice, à ces mots, fut transporté de rage et, voyant l'impression que ce discours produisait dans le peuple, il se tourna vers les bourreaux : Prenez-la, dit-il, étendez-la sur le chevalet. Peut-être qu'au milieu des tourments, elle sera mieux disposée à adorer nos dieux immortels.

La servante de Dieu s'adressa à son tour à Saprice, et, sans être interrogée, elle lui dit, du haut du chevalet, où l'on venait de la mettre : Qui t'arrête ? hâte-toi d'accomplir ce que tu dois faire, afin que je puisse voir bientôt Celui pour lequel je ne crains ni les tourments, ni la mort. — Quel est donc celui que tu désires ? — Le Christ, Fils du Dieu vivant ! dit Dorothée. — Et où donc est ce Christ ? reprit le persécuteur. — Comme Dieu, il est partout ; comme homme (car la raison humaine ne se rend compte que de ce qui est contenu dans un lieu), il est monté au ciel, où il est assis à la droite de Dieu son Père. N'ayant avec ce Père et le Saint-Esprit qu'une même divinité, il daigne nous inviter au jardin de ses délices qui est son paradis. Là, en toute saison, les lis sont toujours blancs, les roses toujours dans leur fraîcheur, les champs et les monts toujours verdoyants, les collines toujours plus belles, les fontaines sans cesse jaillissantes ; là, les âmes des saints sont enivrées par le Christ d'une joie immortelle ! O Saprice ! crois-moi, cherche la vraie liberté et tu pourras aussi pénétrer dans ces délicieux jardins !

— Enfant, laisse là ces folies ; sacrifie aux dieux ! Autrement tu périras comme ont péri tes pareils.

— Jamais, dit Dorothée, je ne sacrifierai aux dieux, car je suis chrétienne. Telle est ma foi ! Puisse-t-elle m'introduire dans le paradis.

Pendant ces discours, la sainte subissait les horribles tiraillements du chevalet. Saprice en était dans le dernier étonnement ; et, désespérant de la vaincre par les supplices, il songea à la corrompre par les plaisirs.

Il connaissait deux filles, jadis chrétiennes et que la violence des supplices avait fait apostasier. (Chose éminemment rare chez les femmes.) Elles s'appelaient Christé et Callisté. Le tyran les fit venir et leur dit : Prenez cette malheureuse chrétienne qui court au-devant de la mort la plus cruelle.

J'ai déjà récompensé votre renoncement à la foi chrétienne. Si vous réussissez à faire changer Dorothée, vous aurez encore de plus grands honneurs.

Les deux apostates qui étaient en même temps deux sœurs, emmenèrent la pure Dorothée et lui dirent avec un profond sentiment de compassion : Il est trop tôt pour vous de mourir. Imitez notre exemple et vous vivrez.

Dorothée, dont la confiance en Dieu n'a pas de bornes, s'attendrit à son tour sur les deux malheureuses créatures ;

elle conçoit et demande pour elles une grâce victorieuse et capable de les transformer.

Et sans répondre à leurs premières paroles elle leur dit : Oui, la bonté de Dieu est infinie envers ceux qui se repentent. A ces paroles de Dorothée, la lumière d'en-haut redescendit dans ces âmes ténébrées.

Toutes deux répondirent : Nous nous sommes perdues en nous éloignant du Christ, comment oser maintenant revenir à lui ?

— C'est un plus grand crime, reprit Dorothée, de désespérer de la miséricorde divine que de sacrifier à de vaines idoles. Oh ! ne désespérez pas de ce médecin, aussi charitable qu'habile ; il n'est pas de blessure qu'il ne puisse guérir ; et on ne l'appelle le Sauveur que parce qu'il ne cesse de nous sauver. Il est nommé le Rédempteur et le libérateur, parce que toujours il nous rachète et nous délivre. Pour vous, mes sœurs, faites pénitence, et, sans nul doute, vous obtiendrez votre pardon.

La grâce de Dieu accompagnait ces paroles, et les deux sœurs tombant à genoux, priaient avec larmes la jeune sainte d'obtenir pour elles la miséricorde qu'elle leur promettait.

Dorothée se mit donc en prière : « Seigneur, disait-elle, vous qui nous avez encouragées en disant : Je ne veux point la mort du pécheur, mais qu'il se convertisse et qu'il vive ; vous qui nous avez assuré qu'il y a dans le ciel plus de joie pour un pécheur qui se convertit, que pour quatre-vingt-dix-neuf justes qui persévèrent, montrez votre clémence envers ces âmes que le démon a séduites et qu'il a ravies à votre bercail ; que, par leur exemple, les autres qui se seraient éloignées, reviennent aussi vers vous ! »

Et les deux sœurs, attendries et repentantes, lui promirent d'être désormais fidèles à un Dieu si plein de bonté !

L'occasion ne tarda pas à se produire. Saprice les envoya chercher avec Dorothée, et, les prenant à part, leur demanda si elles avaient réussi à ébranler la constance de leur prisonnière : Nous avons lourdement péché, lui dirent-elles, la crainte de tourments passagers nous a fait rougir de notre foi, mais nous avons prié la servante du Christ de s'employer, par ses prières, à nous obtenir le pardon.

Saprice, à ces mots, entre dans une telle colère que, déchirant ses vêtements, il commanda d'attacher dos à dos les deux sœurs et leur dit : Si vous ne sacrifiez à nos dieux, je vous fais jeter dans une chaudière bouillante ! Dorothée les encourageait du regard, et elles s'écrièrent : Seigneur Jésus-Christ, ayez pour agréable notre persévérance, accordez-nous votre pardon !

Comme elles persévéraient dans leur résolution, elles furent peu après précipitées dans une chaudière où elles brûlèrent sous les yeux de leur sainte compagne. Au comble de la joie, Dorothée leur disait : Vous me devancez, mes sœurs, soyez certaines de votre pardon.

Le gouverneur, comme un serpent que le pied a froissé, tourna alors contre Dorothée toute sa fureur. Elle fut replacée sur le chevalet. Mais, dans la pensée que Dieu venait de sauver deux âmes par elle, son cœur se laissa aller à une joie qui se fit jour à travers les tourments.

Saprice s'en offensa et lui dit : Pourquoi simuler cette joie au milieu des supplices ?

— Ma joie n'est point mensongère, dit la sainte ; et comment ne pas me réjouir à la pensée que les âmes ravies par le démon de la peur, Jésus-Christ les a reconquises par mes efforts ? Les anges du ciel se réjouissent ; les apôtres, les martyrs et les prophètes les acclament en ce moment. Hâte-toi donc, Saprice : je veux m'unir à ce concert.

Le tyran bondissait sur son siège de marbre et cherchait dans son esprit surexcité par l'émotion, un nouveau système de tourments pour sa victime.

Il fit appliquer aux flancs de l'héroïne des torches enflammées.

Mais ce nouveau supplice de la sainte valut une nouvelle honte à son tyran. — Eh bien ! misérable Saprice, lui cria Dorothée, te voilà donc vaincu toi et tes idoles, et par une pauvre enfant !

Saprice ne se possédait plus de rage : qu'on la descende, dit-il, et puisqu'elle m'insulte, qu'on la soufflette impitoyablement. Les bourreaux se mirent en devoir d'exécuter cet ordre barbare ; mais leurs forces s'y épuisèrent ; et quand la fatigue les eut fait cesser, Saprice rendit cette sentence : Nous ordonnons que Dorothée, jeune fille pleine d'orgueil, qui a refusé de sacrifier aux dieux immortels et qui veut absolument mourir pour je ne sais quel homme, qu'on appelle le Christ, soit frappée du glaive.

En entendant cet arrêt, qu'elle souhaitait si ardemment, Dorothée s'écrie :

« Je vous rends grâce, céleste amateur des âmes, de ce que vous m'appelez à votre paradis ! »

Comme elle sortait du prétoire, un avocat païen, nommé Théophile, ne respectant pas même le grand courage dont elle

faisait preuve, non plus que ses douleurs, lui dit en riant : « Dorothée, servante du Christ, ne manque pas de m'envoyer des fruits et des roses du jardin de ton Bien-Aimé dont tu parlais tout à l'heure.

— Très volontiers, dit-elle, je le ferai ainsi. »

Avant de recevoir le coup qui devait lui procurer la couronne éternelle, elle pria le bourreau de lui accorder quelques instants, ce qu'il fit. Elle se mit aussitôt à genoux et pria. Soudain un radieux enfant parut devant elle, portant dans un linge trois beaux fruits et trois roses. — Portez, je vous prie, ceci à Théophile, fit-elle à l'enfant, et dites-lui : « Voici ce que tu m'as demandé de t'envoyer du jardin de mon Bien-Aimé ! »

Cependant Théophile racontait à ses amis la commission dont il avait chargé la jeune vierge, et s'en glorifiait sans doute comme d'une très fine plaisanterie, quand tout à coup se présente devant lui l'enfant portant les fruits et les roses. A cette vue Théophile pâlit : « Voici, dit l'enfant, ce que Dorothée, vierge très sainte, t'avait promis et qu'elle t'envoie du jardin de son Jésus. »

Théophile n'avait plus envie de rire ; de plus en plus troublé, il s'écria : « Le Christ est vraiment Dieu ! il ne peut y avoir en lui de mensonge ! » Les autres avocats ne savaient que penser de cette scène et lui dirent : Es-tu fou, Théophile, ou plaisantes-tu encore ?

— Je ne suis pas fou, et ne plaisante point, mais ma raison et ma foi s'accordent pour affirmer que le Christ est vraiment Dieu !

— Eh ! qui peut t'amener à proférer de telles paroles ?

— Dites-moi dans quel mois nous sommes ?

— Mais dans le mois de février !

— Eh bien ! un froid rigoureux règne dans toute la Cappadoce, aucun arbre ne porte de feuilles ni de fruits ; d'où pensez-vous donc que proviennent ces roses et ces fruits avec la verdure qui les entoure ?

— Il est vrai que, même dans la saison, nous n'en avons vu de semblables !

— Comment voulez-vous, reprit alors Théophile, que je ne croie pas ? Entendant Dorothée parler de son Époux, le Christ, je la pris pour folle, j'insultai à ce qui me semblait de la démence et je lui dis par moquerie : Quand tu seras arrivée au jardin de ton Bien-Aimé, envoie-moi des roses et des fruits ; et elle de me répondre : Je le ferai volontiers, Théophile ! Or, à peine a-t-elle souffert la mort, que se présente à moi un enfant de si petite taille qu'il me paraissait incapable de parler. Me touchant au côté et me tirant à part, cet enfant, dans un langage si gracieux, qu'auprès de lui je semblais un barbare, m'a dit : « Dorothée, vierge très sainte, t'envoie ces présents du jardin de son Bien-Aimé. » En recevant ces fruits, j'ai poussé le cri que vous avez entendu, mais je n'ai plus revu l'enfant ; je ne doute pas que ce soit un ange de Dieu.

En finissant ces mots, Théophile s'écria : « Oh ! qu'heureux sont ceux qui croient dans le Christ et qui souffrent pour lui ! Il est véritablement Dieu, et celui qui lui donne sa foi possède la sagesse ! »

Le changement qui s'opérait dans Théophile, ses paroles surtout produisaient une grande impression dans les alentours du palais. Le gouverneur ne tarda pas à en être informé : Votre avocat Théophile, lui dit-on, qui jusqu'ici plaidait contre les chrétiens, et les poursuivait d'une haine mortelle, crie à la porte du palais, louant et bénissant le nom de je ne sais quel Jésus-Christ; et plusieurs semblent émus de ses paroles.

Saprice le fit comparaître devant lui : — Quels discours, lui dit-il, tiens-tu donc au dehors?

— Je louais heureusement le Christ que j'ai jusqu'ici si malheureusement méconnu !

— Je m'étonne de voir un homme aussi prudent que tu le paraissais, oser prononcer le nom de celui dont naguère tu persécutais les adorateurs !

— Ce changement vous prouve que c'est le Christ lui-même qui m'a fait revenir de l'erreur à la vérité, en me montrant qu'il est le seul vrai Dieu.

— Les hommes d'ordinaire croissent en sagesse avec les années, mais, à l'inverse des autres, de prudent tu deviens insensé quand tu appelles Dieu celui que ses disciples eux-mêmes confessent avoir été mis à mort par les Juifs.

— J'ai ouï dire, en effet, que le Christ a été crucifié, et dans mon erreur je ne croyais pas qu'il fût Dieu; j'ai même blas-phémé son nom, maintenant je me repens de mes crimes et de mes blasphèmes, et je proclame sa divinité.

— Mais quand donc et dans quel lieu es-tu devenu chré-tien, toi qui jusqu'ici sacrifiais avec nous?

— A l'heure même où je confessais le Christ j'ai senti que je devenais chrétien. Aussi croyant de tout mon cœur en Jésus-Christ, je confesse son saint nom, son nom immaculé, son nom qui ne connaît pas l'imposture comme vos idoles.

— L'imposture règne donc dans nos dieux?

— Eh! comment ne régnerait-elle pas dans ces vains simulacres que l'homme a fabriqués avec du bois, qu'il a fondus et limés, dont il a fallu affermir la base avec du plomb ; ces vaines statues que gardent les hiboux, que les araignées couvrent de leurs toiles, et dont l'intérieur sert souvent de refuge aux rats et aux souris ? Si telle n'est pas la vérité, que je passe pour menteur. Mais je ne mens pas, et il convient que tu rendes témoignage au Christ.

— Nos dieux ne sont donc pas des dieux vivants ?

— Vos idoles sont sans intelligence ; elles ont besoin d'être gardées, mais notre Dieu garde tous les êtres.

— Je vois, malheureux Théophile, que tu veux mourir d'une triste mort.

— Au contraire, je désire obtenir la vie éternelle.

— Sache bien que si tu t'entêtes dans ta folie, je te ferai subir toutes sortes de tourments, et qu'enfin je serai forcé de te faire mourir dans les supplices.

— Mais c'est justement ce que je désire le plus.

— Aie pitié de ta personne, de ta famille et de ta maison, qu'une mort aussi honteuse va déshonorer.

— La suprême sagesse consiste à maîtriser ses passions et à ne pas craindre les tourments.

— Ainsi donc tu choisis les tortures et tu préfères la mort à la vie?

— Je crains les tourments et la mort m'épouvante ; mais aux maux qui passent, s'opposent dans mon cœur les tortures éternelles, réservées aux adorateurs des idoles.

— Qu'on étende ce beau parleur sur le chevalet, s'écria Saprice à bout de raisons, peut-être que son éloquence s'arrêtera sous les coups.

Sitôt que Théophile fut étendu sur le chevalet, dont la forme rappelle un peu la croix : « Me voici vraiment chrétien, dit-il, car je suis suspendu à la croix. O Christ ! je vous rends grâces de m'avoir admis à partager votre supplice ! »

Cependant le gouverneur assistait à ce cruel spectacle, et la vue du sang de celui qui avait été son ami, finit par l'émouvoir. « Malheureux ! lui cria-t-il, aie pitié de ton corps. » « Malheureux ! répliqua le martyr, aie pitié de ton âme ! »

Voyant que rien n'était capable d'ébranler la constance de Théophile, le gouverneur furieux d'ailleurs de l'exemple que le peuple recevait du martyr, ordonna que des ongles de fer lui labourassent les flancs et que ses plaies saignantes fussent brûlées par des torches.

Au milieu de ces tortures, Théophile ne disait que ces paroles : « O Christ ! fils de Dieu, je vous confesse, mettez-moi au nombre de vos serviteurs. » Et il semblait si calme et si digne qu'on eût dit que ce n'était pas lui qu'on tourmentait.

Quand les bourreaux furent lassés, l'impie gouverneur dicta la sentence en ces termes : Nous ordonnons que Théophile, jusqu'ici fidèle adorateur de nos dieux, qui les a délaissés pour se joindre à la secte des chrétiens, ait la tête tranchée. — O Christ ! merci ! s'écria Théophile, et, plein de joie, il allait à la couronne des élus. Ouvrier de la onzième heure, il eut la joie de posséder une récompense égale à ceux qui ont porté plus longtemps le poids du jour et de la chaleur.

SAINTE REINE, MARTYRE A ALISE

(IIIᵉ SIÈCLE).

L'empereur Dèce venait d'expirer ; mais sa haine pour les chrétiens, exhalée dans le râle de sa dernière agonie, avait passé dans le sanguinaire Olybrius, préfet des Gaules.

Arrivé à l'antique Alésia, témoin autrefois du dévouement et du malheur de Vercingétorix, le nouveau tyran y découvrit bientôt la douce et noble Regina.

Cette sainte fille, seule chrétienne de sa famille, avait dû, comme sainte Colombe, abandonner le foyer paternel. Elle vivait retirée chez sa nourrice qui était une fervente chrétienne, et dont elle gardait les troupeaux.

Le tyran s'assit dans son orgueil et se fit amener la noble bergère.

— Ta race, jeune fille ? demande brutalement Olybrius.

— Je suis de race patricienne.

— Ton nom ?

— On m'appelle Reine.

— Ta profession ?

— J'adore la Très Sainte Trinité. Je suis chrétienne !

Le ton et l'intrépide assurance de la jeune vierge apprirent au tyran qu'il n'aurait pas facilement raison ni de sa vertu ni de sa foi. Il se donna donc du temps en envoyant la jeune chrétienne en prison.

Le lendemain, le tyran croit être entré en possession de toute sa force, et devance les premiers rayons du soleil pour sauter sur son tribunal.

Il s'entoure du fastueux appareil du sacrificateur et offre de l'encens à ses idoles en présence de la foule qui bat des mains ou courbe le front.

Il mande l'héroïne chrétienne à ce moment solennel et lui dit : Jeune fille, adore nos dieux et prends pitié de toi-même. Je te promets des monceaux d'or et le plus haut rang dans ma maison.

Si tu refuses d'obéir, je t'accablerai de tortures, car j'ai à ma disposition le fer et le feu.

— Garde ton or, séducteur, répondit Reine, car je n'en ai que faire ; d'ailleurs je préfère la qualité de chrétienne que j'ai reçue à mon baptême, à toutes celles que tu pourrais me donner. Je suis servante du Christ et signerai ma foi de mon sang.

Désespérant de la vaincre dans ce combat, le tyran crut sa tentative prématurée et renvoya la noble Reine en prison. Il partit ensuite pour une courte expédition.

En l'absence d'Olybrius, le propre père de notre sainte devient son bourreau. Il enferme sa fille dans l'une des tours du château de Grinou. (C'est à lui que le gouverneur avait confié le soin d'incarcérer la jeune vierge.) La rage incompréhensible de ce père dénaturé n'est pas encore assouvie. Il entoure les flancs de sa victime d'une ceinture de fer que les deux extrémités relient à la muraille. Soutenue de la force d'en-haut, l'héroïque chrétienne endure ce supplice avec une patience invincible.

Elle n'avait d'autre secours humain qu'un peu de pain et d'eau qu'un chrétien lui apportait en cachette au péril de sa vie.

Enfin on annonce à Alise le retour d'Olybrius. A peine arrivé, il s'informe des dispositions de sa prisonnière. Les nouvelles qu'on lui en donne l'irritent et l'attristent à la fois.

Il veut pourtant tenter un nouvel assaut, assaut de caresses d'abord, de tortures ensuite. On lui amène donc l'innocente vierge. Olybrius déroule à ses yeux toutes les plus belles promesses. A l'entendre, il suffirait à la jeune chrétienne de jeter un grain d'encens dans la cassolette qui brûle devant les statues des dieux pour se voir à l'instant la première dame des Gaules.

Inutile effort, Reine demeure inébranlable dans la foi de son Dieu.

Sur un mot d'Olybrius on l'étend sur le chevalet, des bourreaux la flagellent à coups redoublés. La victime, les yeux fixés au ciel, n'a qu'un mot à la bouche : « Seigneur, c'est en vous que j'ai placé toutes mes espérances, et je ne serai pas confondue. » Le sang coule à torrents, la chair vole en lambeaux. Les assistants, païens pour la plupart, en sont émus jusqu'aux larmes. — De quels honneurs te prives-tu, lui crient quelques-uns ; il te suffit d'un oui ; immole aux dieux, et tu seras la plus heureuse des femmes ; quelle folie que de perdre une si belle fortune pour soutenir le parti d'un crucifié !

— Mauvais conseillers, mauvais conseillers, répliquait la vierge, je ne sacrifierai pas à de vaines idoles de pierre ou de bois. J'adore Jésus-Christ, seul vrai Dieu, qui me remplit de sa force au milieu de mes cruelles souffrances.

Exaspéré, le préfet ordonne qu'on l'écharpe avec les ongles de fer. L'horreur qu'inspire cette scène de cruauté sauvage arrache de nouvelles larmes aux assistants. Le farouche Olybrius se voile lui-même la face du pan de sa toge, tant le spectacle est écœurant. Mais le calme de la sainte au milieu de l'émotion générale le glace d'étonnement. — Étrange mystère, s'écrie-t-il, es-tu donc seule à ne pas prendre garde à tes tourments ? Le sang ruisselle de tes membres, ton corps n'est qu'une plaie, et tu t'obstines toujours ! Sacrifie aux dieux, sinon tu n'échapperas pas encore à ces tortures.

Reine semble ne pas faire attention à ce langage.

La nuit seule fut capable de mettre un terme à tant de barbarie. Reine est enfermée dans un affreux cachot pour y attendre le lever de l'aurore. A peine introduite dans la prison, la vierge n'a rien tant à cœur que de tomber à genoux et d'attribuer à son divin Époux la gloire du triomphe qu'elle vient de remporter. En même temps elle lui demande de nouvelles grâces pour continuer la lutte.

Mais, par une permission mystérieuse de Dieu, elle entra dans une agonie semblable à celle de Jésus au Jardin des

Oliviers. Sans doute que Notre-Seigneur voulait donner à son épouse un trait de ressemblance de plus avec lui. L'obscurité de la prison, la solitude où elle se trouvait, le souvenir des supplices de la veille, la perspective des tortures que le cruel Olybrius lui préparait encore, les douleurs aiguës que lui causaient ses plaies, la frappaient d'abattement. Plus de consolations sensibles de la grâce, plus de joies célestes ; mais une tristesse, un dégoût d'où il lui semblait impossible de sortir.

Elle y résiste cependant et reste ferme dans son désir d'aimer Jésus-Christ par-dessus toute chose : Dieu est content d'elle ; à la tempête il fait succéder le calme et inonde son âme de consolations d'autant plus grandes que ses peines avaient été plus poignantes. Ravie en extase, elle vit une grande croix qui touchait de la terre au ciel. Au sommet était une colombe d'une blancheur éclatante qui lui dit : « Salut Reine, vierge dont la prière exhale les plus suaves parfums. La couronne de gloire est prête, Dieu la posera bientôt sur votre tête. » Pour l'assurer que cette vision n'était pas l'effet d'une illusion, Dieu la guérit instantanément de toutes ses plaies et la remplit d'un courage tel que la sainte attendit le lever du jour avec une impatience ineffable.

Le lendemain le tyran se hâta de la rappeler devant son tribunal.

La guérison miraculeuse de la sainte le remplit d'étonnement mais ne lui ouvre point les yeux obscurcis par la passion. A toutes ses sollicitations Reine répond : « Je serai fidèle à Jésus-Christ malgré les tourments, malgré la mort. »

Olybrius, au désespoir, en revient à son premier supplice.
Reine est de nouveau étendue sur le chevalet en forme de

croix. « Merci ! merci, ô mon Dieu ! s'écrie-t-elle de ce que
j'ai l'honneur d'être crucifiée comme vous. »

Le noir tyran voit cette joie mystérieuse de sa victime et

ordonne qu'on lui pique les flancs avec des torches enflammées. La sainte semble n'y pas faire attention. On la précipite
alors dans une cuve d'eau glacée pour juger de l'effet de la
transition. Mais, nouvelle déception du tyran : la sainte sur-
nage et chante des cantiques de reconnaissance.

Au même moment, la colombe qu'elle avait vue dans sa
prison, lui réapparaît dans les airs. Elle chante avec la voix
humaine et dit : « Reine, envole-toi au royaume du Christ ;
viens recevoir la couronne que tes combats t'ont méritée. »

Plus de huit cents personnes virent la colombe et l'entendirent, ce qui détermina leur conversion.

Reine fut comblée de joie en voyant cet immense fruit de
ses prières et de ses douleurs.

Cependant Olybrius, enseveli dans un sombre désespoir,
ordonna, pour se soulager, de décapiter l'invincible chrétienne.

Le peuple, si fortement ébranlé par les merveilles dont il
était l'avide témoin depuis plusieurs jours, voulut assister au
dénouement final de cette tragédie.

Reine demanda la permission de lui parler. Elle le fit avec
une grâce et avec une onction admirables, en sorte que tous
les cœurs en étaient attendris.

S'adressant ensuite directement aux chrétiens, elle les sup-
plia de lui obtenir par leurs larmes et leurs prières, le pardon
de ses péchés.

Elle tendit enfin son cou au bourreau qui la décapita. C'était
le 7 septembre de l'an 253.

Les spectateurs purent voir son âme s'envoler au ciel

au milieu d'un magnifique groupe angélique qui chantait le chant du ciel.

Son corps fut enseveli au pied du mont Auxois, avec la chaîne qui avait servi à son supplice.

Des siècles de bouleversement et de misère passèrent sur cette tombe, si bien qu'on en perdit jusqu'au souvenir.

Cependant les moines de Flavigny résolurent de remettre au jour ce trésor perdu.

Après des jeûnes et d'ardentes prières, ils se rendent au tombeau présumé de la sainte. Au même instant on voit une colombe s'abattre sur le sol, qui cache les restes de la martyre. L'abbé Égèle creuse lui-même la terre au chant des psaumes, et bientôt le corps apparaît à la grande joie des assistants. La sainte dépouille fut inhumée dans l'église abbatiale de Flavigny, où elle resta jusqu'à la Révolution de 93. A cette époque, néfaste entre toutes, l'abbaye fut détruite. Mais les saintes reliques échappèrent au vandalisme français.

Elles sont aujourd'hui dans l'église de Flavigny.

TABLE DES MATIÈRES

❦—✳—❦

❧❀✿❀❧

Imprimerie Notre-Dame des Prés. — Ern. Duquat, directeur.
Neuville-sous-Montreuil (Pas-de-Calais).

www.ingramcontent.com/pod-product-compliance
Lightning Source LLC
Chambersburg PA
CBHW071958090426
42740CB00011B/1991